職業、お金持ち。

「愛されて
幸せなお金持ち」
になる32の教え

Asuka
Tomizuka
冨塚あすか

すばる舎

プロローグ

お金が好きです。
物心ついたときからずっと。

だから、お金を悪者にする人はお金が嫌いな人だと思っていたし、お金持ちでない人はお金持ちになりたくない人だと思っていた。好きなのに稼げない、お金持ちになりたいのになれないというのは、私の中ではあり得ないことだから。

昔から、欲しいものはなんでも手に入れてきた。それが私の当たり前。

お金持ちになること自体は初めから決めていたので、あとはそこにたどり着く方法を考えて実行するだけだった。社長になろうかな、と思った時期もあったけれど、特に仕事でやりたいことがあるわけでもなく、情熱もない。地位や名誉はいらないし、元より興味がない。

私はただ、お金にも時間にも縛られずに好きなことがしたい。お金を理由にやりたいことを諦める人生を送りたくない。とすれば、「社長」という肩書きは必ずしも必要ではなく、単にお金が増えたら、それでよかった。

お金を増やすには、どうしたらいいか？

答えは決まっている。
お金持ちに聞けばいい。

お金持ちでない人に、お金の増やし方を聞いたってわかるはずもない。だって事実、その人はお金持ちになれていないのだから。
まぁ、この人の言うことを聞いていてもお金持ちにはなれない、という反面教師として使うのであれば、止めはしないけれど。

私がお金持ちとしてスタートを切るにあたって、最初にやったのは「お金持ちを探すこと」。
成功者の言葉は宝の山。当時の私はお金持ちを探し、お金持ちに会いに行き、お金持ちの話を聞けば何かしらの手がかりが掴めるだろう、と考えた。
二十歳、普通の私立大学生、後ろ盾一切なし。家族は投資やお金の話題が大嫌い。周りの友人も先輩も、投資をしている人は誰もいなかった。

「どこに行けばお金持ちに会えるんだろう？」

高級ホテルのロビーに座ってみても、銀座や六本木を歩いてみても、当然ナンパ以外に声をかけてくる人はいない。

「ここじゃダメだ。もっと、ちゃんと接触できる場に行かないと」

考え抜いた結果、最終的に選んだ場は証券会社。選んだ理由は漠然と、お金持ちは投資をしている人が多そうだと思ったから。テニスサークルに所属していた私はある日、練習前に、とある支店のロビーに降り立った。大きなラケットバッグを背負って。

恐らく、あまりにもその場にそぐわない格好だったのだろう。ある老紳士が後ろから、私の肩をトントン、と叩いた。

「お嬢ちゃん？　ここ、銀行じゃないよ？」

柔らかく穏やかな声だった。振り向くと、どことなくえびすさまのような、大黒さまのようなあたたかみの溢れる笑顔。服装はイメージしていたお金持ちとは違ったけれど、身体中に電流が走った。

「見つけた！」

そこからはその支店に足繁く通い、色んな話を聞いた。老紳士は大層な資産家で、金融投資や不動産投資、そして実業についてもたくさんの引き出しを持っていた。転校が多かった私にとって、相手に合わせたコミュニケーションは得意中の得意。お金持ちの輪は瞬く間に広がっていった。

お金持ちはお金持ち同士でつるむもの、と知ったのもこのときだ。ちょうど孫のような年齢だったのも功を奏して、資産家同士の集まりにもよく混ぜてもらっていた。

あれだけの資産家の老紳士たちと週に何度もお茶をすすりながら談笑していた大学生は、きっと日本中を見渡しても私ぐらいだろう。あえて、みんなと違うことをする。これは今でも日々実践している、成功法則のひとつ。

お金を増やすこと、にフォーカスしたとき、別に投資でなければいけなかったわけではない。

こだわりがあったわけでもない。ただ、お金持ちで投資をしていない人はいないし、労力を使わずに稼ぐ方法として最も適していたのが「たまたま」投資だった、というだけだ。

いかに時間を使わずに、いかに楽をして着実に稼ぐか。

大多数の日本人は、こう聞くと眉をひそめるだろう。拒否反応を起こす人もいるかもしれない。なぜなら、楽をすること、お金を稼ぐことは「悪」だという刷り込みが行われているから。しかし、これを批判する人の中に、残念ながらお金持ちは一人もいない。

そもそもお金持ちの世界とその他の世界では、常識が違うのだ。

それゆえにお金持ちはお金持ちで居続けるし、そうでない人は一生お金の不安や心配を抱えて生きていくという、二極化が生まれている。

お金持ちの世界へは、思っているよりもずっと簡単に行くことができる。こと日本においては、ほとんどの人がお金持ちになりたいと認めず、行動もしないので差をつけやすい。自分がその気になればあっという間にたどり着くことができるし、そこには豊かで幸せな別世界が広がっている。

どんな人生を選ぶかは自由。

断言できるのは、お金があると人生の選択肢が増えるということ。
経済的自由は、時間的、精神的自由を生む。

たった一度の人生を余すところなく味わい尽くしたいから、私は「お金持ち」という生き方を選んだ。

さて、あなたはどんな人生を選びますか？

第1章　お金持ちになりたいのなら、常識を捨てなさい

第2章　20歳の女子大生が「投資」を選んだ理由

第3章　お金持ちだけが知っている、お金を稼ぐ「秘密の法則」

第1章

お金持ちになりたいのなら、常識を捨てなさい

01 凡人の常識は、お金持ちの非常識

ずっと、当たり前だと思ってきた。

「働かざる者食うべからず」
「清貧は美徳」
「楽して稼ぐなんてずるい」
「お金持ちは悪いことをしているに違いない」
「お金持ちは特別な人」

私の世界では、永らくこれが「常識」だった。だから、頑張って勉強して、頑張って良い大学に入って、頑張って良い会社に入ること。それこそが、幸せになる最短の道だと思って生きてきた。

だって、親や先生、テレビのコメンテーター、道徳の教科書でさえもみんな、示し合わせたかのようにこう言ってくるじゃない？

「それは違うんだよ」って教えてくれる人なんて、一人もいなかったんだから。……そう、彼に会うまでは。

あの日、私は、人生で初めて降り立った「証券会社」というところで、大富豪のおじいちゃんたちと知り合った。

始めはほんの好奇心。仲良くなれたら良いな、という下心はもちろんあったけど、そんなのは夢のまた夢の話で。ただ、同じ空間にいるということで、自分に何らかの変化があるのではないかと期待しての行動だった。証券会社のロビーにいること自体は、タダだし。

狙い通り資産家に「出会う」ことに成功した私は、そこから大学の空き時間を利用して支店へ足を運ぶようになった。週に何度も通ううちに、私とおじいちゃんたちは顔馴染みになり、段々と距離も近くなり、やがては遭遇すると話をするようになった。

内容は他愛もない話。まるで病院の待合室のような井戸端会議。暇を持て余した（ように私には思えた）彼らにとって、証券会社に入り浸る女子大生という存在は、多少なりとも気にはなる存在だったのかもしれない。

その中でも特に仲良くなったのは、最初に声をかけてくれた老紳士。「同じぐらいの孫がいるんだ、今は遠くに住んでるけどね」、と以前に聞いたことがある。どこかで私と重ね合わせていたのかも。

あたたかい雰囲気に穏やかな表情、目がなくなっちゃうような優しい笑顔。すっきりと整えられたロマンスグレーの頭髪。胸板は厚く、背筋は常にシャンとして、誰に対しても物腰柔らか。きっと昔はモテたんだろうな。

私は彼に懐き、「えびすさま」とあだ名をつけた。

云《うん》十年生きてきて初めて呼ばれたあだ名だよ、と笑っていたけれど、満更でもなさそうだったのでそのまま採用！　少しだけまた仲良くなれた気がして、嬉しくなった。

えびすさまとの会話は、主に今までの人生の振り返りや昔話。私にとってはどれも小説や映画の世界のようで、聞いているだけでもとても楽しかった。

会社を数十～数百億円でいくつも売却したこと、バブルの頃に不動産で大儲けしたこと、権利収入もたくさんあること、世界中に別荘があって行きたくなったときに気ままに行っていること、自分の名前がついた基金があること、途上国のインフラ整備をしていること……一体どれほどの資産を保有しているのかはあえて聞かないようにしていたけれど、どう考えても一千億円を下回ることはないだろうということは、容易に想像できた。

えびすさまが来ると必ず支店長が表まで出ていくし、中で通されるのはいつだって広いＶＩＰルーム（えびすさまとはここでよくお茶をしていた。放っておいても飲み物まで出してもらえるんだもん）。

支店でも、他のおじいちゃんたちの間でも一目置かれている存在。伊勢丹の紙袋に一億円以上の札束を平気でガサガサ入れ、その上にみかんなんて置いちゃって、「甘いんだよ〜」って私やみんなによく配る、お茶目で豊かな大富豪。それがえびすさま。

お金の面はもちろんだけど、純粋に「人」としても、とても興味を惹かれる存在だった。

木曜日の昼下がり。私はいつも通り証券会社のロビーにいた。

えびすさまは毎日のようにいたし、話し相手に飢えていたのかあれこれ面白い話もしてくれるし、支店自体が高級住宅街にほど近いからか足を運ぶ他のお客さんにも色んなタイプの資産家がいて、そういった行き来を見ているだけでも、凡人の私にとってはとても刺激的で楽しかった。

「ねぇねぇ、えびすさま。ここに来る人は、生まれたときからずっとお金持ちの人ばかりなの？みんな別世界の人に見えるんだけど」

大学やアルバイト先、家族や親戚、これまでに接してきた人。私が出会ってきた人たちとはあまりにも違いすぎて、ふと浮かんできた疑問。思わず隣にいたえびすさまに、ぽろっと聞いてみる。

「あぁ、別世界と言えば別世界かもしれないね。生まれたときからかどうかは人によるけど。そうか……あすかちゃんはまだ知らないのか。あのね、お金持ちの世界とそうでない世界とでは、そもそものルールが違うんだよ」

「え？　どういうこと？」

「お金持ち界とそうじゃない世界の差が気になるんでしょう？　ルール、つまり前提や常識、善しとされることやお金の稼ぎ方といったことまで、実は何もかもが違うんだ。

いわゆる『普通の人』の常識は、金持ちにとっては非常識も甚《はなは》だしい。貧しい世界のルールを採用している人は、この先もお金持ちになることはできないし、金銭的に満足のいかないまま、生涯を過ごしていくことになる」

「え、何それ怖い！」

「そうだね、怖いよねぇ。でも本人たちは気づかないからねぇ……まぁ気が付きたくないというのが本当のところだろうが」

私には次の疑問が浮かんでいた。

「でも、同じように日本で数十年間生きてきて、そこまで常識が違うなんてことある？　常識ってそもそも、みんながそう思っているから『常識』なんでしょう？」

「あるさ。だから世の中には、お金持ちとそうでない人がいるんだろう？　『みんな』がそもそも二パターンに分かれているということだね。もしも全員が同じような思考回路、行動パターンを採用していたなら、同じような結果を得られる人、すなわち、金持ちにだって全員がなれるはずだと思わないかね？」

確かに、気にはなっていたことだった。世の中のお金持ちと自分との間では何が違うのか。パッと見は似通っているのに、どうして生涯年収に数桁の差が生まれるのか。

「例えばあすかちゃんをはじめ、大多数の人が今採用しているであろうルールを、金持ち界の常識に書き換えると、こうだ」

「働かざる者食うべからず」

↓「働かせる側であれば自分が働く必要はない」

「清貧は美徳」
↓「貧しくいるのは罪である」
「楽して稼ぐなんてずるい」
↓「楽して稼ぐのは楽しい」
「お金持ちは悪いことをしているに違いない」
↓「お金持ちは他人を喜ばせられる人」
「お金持ちは特別な人」
↓「お金持ちには誰でもなれる」

えびすさまはまるでひとつひとつ、オセロをひっくり返すかのように次々と、私が握りしめていた「常識」をめくっていく。

「その他にも、金持ち界の常識はたくさんある。

・お金はなくならない
・人生は好きなことだけをするためにある
・辛いこと、苦しいことは避けていい
・金持ちでない人は、それを自分で望んでいるだけ
・金持ちと一緒にいるほど金持ちになる
・お金は人を優しくする
・自分の『好き』がお金に換わる
・労働で豊かになることはできない
・お金も人も『気』の良いところに巡ってくる
・良いとこ取りの人生が普通

なんてね。どう？　こっちのほうが楽しそうな世界だとは思わないかい？」

鮮やかな薔薇色の景色が眼前に浮かぶ。同じ時代に、同じ地球に生きているはずなのに、随分と違う世界のよう。もしも生きているうちに、そんな世界に本当に行けるなら……そんな幸せなことってない。

「そりゃあ私だって、もしそんな世界で生きられるなら、そっちのほうが良いに決まってますよ。でも……どうしたら？　地位も名誉も、元手となるお金や特別な才能も、私には何もないのに。さっき『お金持ちには誰でもなれる』って言ってたけど、それって私みたいな、ただの大学生でもお金持ちになれるってこと？」

「もちろん、なれるさ」

それこそ「当たり前じゃないか」とでも言いたげに、いともあっさりと、しかし満面の笑みで答えてくれるえびすさま。

「金持ちの世界は豊かで、穏やかで、常に愛と笑顔に満ち溢れている。そして、この世界には誰でも足を踏み入れることができるようになっている。ちょっとしたコツを掴めば、誰だってね」

「ちょっとしたコツ？」

「そう。何、簡単だよ。ただ、無意味なこだわりを捨てる覚悟は必要だけども。もし今後本当にあすかちゃんが『お金持ちの世界』で生きたいと望むなら……今がんじがらめになっているその常識の枠を取り払わないと、永遠にその願いは叶わない。今まで持っていた常識を捨て、これらの金持ちの常識を自分の中にしっかりとインストールする必要がある」
「常識を捨てる？　どうやって？」
「まずは一旦、今まで当たり前だと思ってきたことを全て疑ってみることだ。どんなに小さなことでもね。ちょっとしたお金の使い方、お金の捉え方から、働き方や生き方といった大枠まで。常識っていうのは自分が気づかないぐらいに奥底へ浸透しているものだから、それを炙《あぶ》り出す作業がスタートライン。自分がどんな枠組みで思考して日々を過ごしているかを、正確に把握する必要がある」

彼は少し声のトーンを落とし、憂《うれ》いを帯びた眼差しでこう続ける。

「特に日本はお金の呪縛がとても強く、幼い頃から知らず識らず、親に、学校に、社会に洗脳されてきている。誰が悪いというわけじゃないよ。あすかちゃんの上の父母世代も、もっと上の祖父母世代も、みんなどちらかというと被害者だ。
呪いのように脈々と受け継がれる『貧乏』の血。それをここらで断ち切ってあげないといけない。下の世代に惨めな思いをさせたくないのであれば、なおさらね」

今まで周りの大人に言われてきた言葉、散々耳にしてきたフレーズが脳裏を駆け巡る。

「そんなにお金、お金、って言うんじゃないの。みっともない」
「うちはお金持ちじゃないんだからね」
「一生懸命働いて偉いねぇ」
「良い大学に入って、良い会社に入って、素敵な旦那さんを見つけたら生涯安泰なのよ」

違和感を覚えていた意味がようやくわかった。こういった言葉を発している人の中に、本当に幸せそうな人も、圧倒的なお金持ちも、ただの一人も思い浮かばないのだ。とすれば、ルールが違うというのは、もしかしたら本当なのかもしれない。

……このまま放っておけばきっと楽。気が付かないふりを続けていたら、少なくとも裏切られることはない。最初から夢を見なければ、がっかりすることもないんだから。

自分の常識を捨てるということは、自分が信じてきたものを覆《くつがえ》すということ。それはともすればアイデンティティの崩壊を招きそうで、私は得体の知れない恐怖を感じていた。

薔薇色に見えている世界は、実は混沌とした闇の入り口なのかもしれない。私は目の前の老紳士に、巧妙に騙されているのかもしれない。

でも、私の人生、たとえこのまま百年生きたとしてもお金持ちからは遠ざかる一方な気がして……そっちのほうが、私にはもっと怖かった。

「あすかちゃんがすごいのはね、心の中では既に気が付いていたということなんだよ。僕に聞く前からね。育ってくる中でずっと周囲から言われ続け、当たり前と思ってきたことが、実は間違っているのではないかということに。だから今、こうしてこの場所にいる。きっとね。

……不思議だよね、『お金持ち』と自分の何が違うのか。見た目も頭脳も、中身だって、同じ人間である以上、それほど大きな差はないはず。代々続く石油王の家系やロイヤルファミリーであればいざ知らず、世の中には一代で財を成す人だってたくさんいる。そうであれば、自分だって『お金持ち』になれるはずだ、と思うのは、至って素直な発想だ」

素直というか、単純なだけかもしれないんだけど。でも、同じ人間なんだから恐らく大差はない。内心思っていたものの、それを大金持ちであるえびすさまから聞くのは後押しになったし、納得感があった。

「あすかちゃんは『お金持ちになるために』ここに来た、と言っていたね」

「うん」

「何度も言うが、お金持ちには誰でもなれる。ただ、そうなるにはいくつか覚えておくべき箇単なルールがあるんだ。
金持ちが金持ちである理由。あすかちゃんが、ここからお金持ちになる方法。……どうだろう。知りたい？」

答えなんてわかりきっているのに、えびすさまはたまにこうして意地悪をしてくる。

「もちろん！　知りたい！」
「じゃあ、こうして仲良くなったのも何かの縁だし、いつまでも世間話だけではつまらないだろうし……。『お金持ち』になる上でのルールの解明でも、一緒にしていこうかね？」

渡りに船とはこのこと。何の気なしにした質問からこんな展開になるなんて。やったぁ。

「ぜひ！　ぜひぜひ！　よろしくお願いします！」

思わず前のめりに、勢いよくお辞儀をしながら返事をした。ガタッて、人生が大きく動いた音が聞こえた。心の中ではガッツポーズ。神様ありがとう。下を向きながら、どうしても嬉しさが抑えきれず、私はにやにやと笑みを浮かべていた。

こうして私は、大富豪からまさかの直々に、お金持ちのお作法を学んでいくことになったのです。

今回の学び

・お金持ち界と貧しい世界のルールは違う
・お金持ち界のルールを採用するには、今までの常識を全て捨てる（疑う）のが近道
・お金持ちには誰でもなれる

02　貧乏は、自分自身で選んでいる

「自分の常識をひっくり返していく」という課題は、それなりに良い感じで進んでいた。なんせ今まで思ってきたことが真逆だったというぐらいの勢いなんだから、一旦対極を取ってみれば良いだけ。それは私にとって、そこまで難しいことではないように思えた。自分の枠が広がっていくのがわかり、それだけでも生まれ変わったような気分を味わえて楽しかった。

一方で、悶々とした気持ちに覆《おお》われていたのも事実。具体的な方法がまるで見えてこないのだ。人間に大差はない。お金持ちには誰でもなれる。

でも、どうしたらお金持ちになれるのか。その道には靄《もや》がかかり、どんなに目を凝らしても見えてくる気配はない。預金残高は十万円ちょっと。私の思い描く「お金持ち」とは随分乖離《かいり》があり、この差がどう埋まるのかは見当もつかなかった。

「私、どうしたらお金持ちになれますか?」

えびすさまなら何らかの答えを知っている気がして、私は聞いてみた。

「貧乏ってね、自分自身で選んでるんだよ？　あすかちゃんの手元に今お金がないのは、あすかちゃん自身がそう望んでいるからさ」

私は目を見開き、「いやいやいやいやいや！」と、強い口調で否定した。だって貧乏が良いなんて思ったこともないし、それをあえて望んでいるなんてこと、絶対にあり得ないんだから。

「そんなことない！　私は貧乏なんて望んでいないし、お金持ちになりたい、お金持ちになるんだって思ってる！」

えびすさまは「よくあることだ」とでも言わんばかりに苦笑いを浮かべながら、

「そう言いたくなるのはわかるよ。自ら貧乏を選んでいるなんて思いたくないよね。そりゃあそうだ。自分自身が貧乏神だなんてねぇ。僕だって、一生涯そんな風にはなりたくないもの。とびっきり縁起が悪そうだし、なんだか運気も下がりそうだしね」

と言ってのけた。

自分自身が貧乏神。何そのパワーワード。嫌だ、嫌すぎる、そんなの絶対に嫌。私の絶望が伝わったのか、えびすさまは少し困ったようにほんのりハの字に眉毛を曲げて、「でもねぇ」と言葉を続ける。


「ショックかもしれないけれど、残念ながら本当なんだ。あすかちゃんは今日まで、お金持ちでない自分のほうが『都合が良かった』。それは『お金を持ったら不幸になる』という刷り込みのせいかもしれないし、ご両親にまだ甘えていたいのかもしれない。

貧乏を選んでいる人には必ず理由があるんだ。ある人は仕事を辞めない、辞められない口実に使うし、『もっとお金があったら……』と、やりたいことを諦めたり、旦那さんや子ども、ご両親を責める武器にしたりする人もいる。みんな、お金持ちじゃないことを盾に、弱者の自分に陶酔しているだけなんだけどね。さながら三文芝居だ。

悲劇のヒロインごっこはみんなが同情してくれるし、現状を変える必要もないしで、気づかないうちに病みつきになってしまう人が多いんだよね。こちらから見たらただただ滑稽でしかないけれど。だって、自分でやりたくてやっているんだもの。あれこれ理由をつけてはお金を遠ざけるこの『ゲーム』をしている姿は、むしろ幸せそうにすら思える。

内容が何であれ、希望が叶うのは良いことだ。でも、その遊び、一生続けるのかな？　あすかちゃんはどうする？　これからも続けていきたい？　そうして死ぬまで『そちら側』で生きていくのは、嫌なんじゃない？」

ふと、どこかで聞いたことのあるフレーズが頭をよぎった。

「人生は自分の願った通りになる」

だから、自分の願いをできる限り明確にしておくことが、理想の人生を歩む鍵になるのだと。お金持ちがお金持ちなのは「お金持ちである自分」を望んでいるからだし、そうでない人がお金を手にできないのは「お金を手にしない自分」「お金持ちじゃない自分」を自ら望んでいるから。……そこに例外なんて、ひとつもないんだ。

「嫌、です」

私はかすれた声で、かろうじてそう答えた。

自分自身がお金持ちになろうとしていなかったなんて。あれだけ「お金持ちになるんだ」と息巻いていて、実は真逆の方向に進んでいたなんて。お金持ちじゃない自分でいることにメリットを感じていたなんて、本当は認めたくなかった。

……でも、確かにそうだ。現状は何も変わっていないにもかかわらず、周りよりもほんの少し早く気が付いただけでその事実に胡座《あぐら》をかき、「まだ若いし」「そんなに急いでないし」「周りの友だちよりはちゃんと考えてるし」「困ったときは頼っちゃえば、お金持ちのおじいちゃんたちが何とかしてくれそうだし」と、あれこれ言い訳をつけては、行動することをすっかり怠《おこた》っていたのだ。


「ねぇ、あすかちゃん。人生はね、決して『思い通り』にはならない。ただ、必ず、自分自身の『思った通り』になるようにできているんだ。

金持ちを選ぶも選ばないも、それは個人の自由だね。全ては自分自身が決めている。でも、そうとわかると、お金持ちでない自分を疑問に思うでしょう？『あれ？ 私、どうしてわざわざこっち側を選んでいるんだっけ？』って。

人生は究極二択なんだよ。お金持ち、になるか、ならないか」

私は今まで、理由を外に求めてきた。私がお金持ちでないのは、何か私以外の要因があるからだって思っていた。でも違う。理由はいつだって内側に、私自身の中にあったんだ。

「金持ちになりたいけど、現状、自分は金持ちではない。そう言ってくる人にはよく『なぜ今、お金持ちになれていないと思いますか？』と投げかけるんだけどね。多くの人はこう問いかけると黙ってしまう。考えたこともなかった、とね。

それは今までに、自分がお金持ちになれる、という選択肢を現実的に考えたことがなかったからなんだ。なりたい、なりたいとは言うものの口だけで、心の中ではお金持ちをある種『ファンタジーの世界』と捉え、自分と切り離してしまっている。

そんな人に、その現実が降りてくることはあり得ない。だって心と身体がちぐはぐな状態で、自分を全く生きていないんだから」

えびすさまは続けて、怖い真実を教えてくれた。

「これは寂しがり屋なお金の特性として覚えておいてほしいんだけどね？

金持ちになるのを拒否して、お金を受け取るのを拒否して。そうして断るごとにお金はどんどん離れていく。どんどん近寄ってこなくなるんだ。そんなことを繰り返していると、やがてお金に認識されなくなってしまう。

あすかちゃんがそういった行動を取り続けるなら、彼らはそのうち、まるであすかちゃんが透明人間になったかのように、目の前を綺麗に素通りするようになる。そうしたらもう、お金が巡ってくることはない。

そんな風になったら悲しいでしょう？　欲しいなら『欲しい』って主張して、ちゃんと受け取ってあげないとね」


しっかり意思表示をして手を伸ばさないと、お金は巡ってこない。お金を受け取らないこと、お金持ちにならないことに一ミリでもメリットを感じているうちは、私はお金持ちになれない。

そうして貧しく居続けること、この行為こそがお金を、そしてお金持ちになれる可能性をどんどん遠ざけることになる。


「素通りされるなんて悲しい。でも、確かに私……今まで口だけだったかも。えびすさま、私、もう嫌だよ。お金のない自分のまま生きるなんて嫌。私もお金持ちの人生を選びたい！」

「お金のない自分が嫌なのであれば、そんな自分と決別して、お金を手にできる自分を選べばいい。金持ちとしての人生を選択すればいいだけだ。

人生はね、いつだって、思った瞬間から変えられる。それに寿命なんて神様にしかわからないんだから、あすかちゃんがいくら若いとは言っても、いつまでも貧乏のままでいられるほど暇じゃないよね？」

暇、という言葉が私の心に強く刺さった。えびすさまにとって、貧乏でいるのは無駄なこと、無意味なことなんだ。お金持ちには、動き出せば誰でもたどり着ける、ということを象徴するかのような表現だった。

何を呑気に構えていたのだろう。明日死ぬかもしれないのに。お金持ちの世界を体感しないまま死ぬなんて、絶対に嫌だ。

私の顔つきがスッと変わったのを見て、えびすさまは嬉しそうに微笑んだ。

「覚悟ができたようだね。お金持ちになる覚悟が。であれば『宣言』だ。本日をもって、今までの『お金がない』あすかちゃんとは決別しよう。お金がないこと、貧しさゆえに楽しんでいたあれこれにひと通り想いを馳せたら、『今までありがとう』とお礼を言って、そして軽やかに手放して。もう二度と、あちら側に戻ってはいけないよ。君は、お金持ちになるのだから」

今回の学び

・お金持ちも貧乏も、自分で選んだ結果
・貧乏でいるのは、その状態にメリットがあるから
・お金持ちになるなら、「お金のない」自分と決別する宣言をすること

03　本当に「お金」が欲しい？

「お金持ちになる」と宣言してから、私の言動は少しずつ変わっていった。
一番わかりやすい変化は「お金がない」と口にしなくなったこと。そう言っていると、それだけで貧乏神になる気がして。

同時に「お金が好き」「お金があるって幸せだ」と思うようになったら、見える世界は徐々に変化していった。学食の二百五十円のカレーライスも、テニスコートまでの電車代三百四十円も、全部お金があるおかげなんだな、と思うと、何だかほっこりと幸せな気持ちを感じるようになった。

それでもまだまだ、金額としてはお金持ちであるとは言えず、この見習い状態を何年続けたらお金持ちになれるのかは、到底見当もつかなかったけれど。

「お金が『ある』のも、それに感謝できるのが大事だってこともわかったけど、ここからどう増えてくのか全然わからないよー」

いつものように証券会社のロビーで隣に座っていたえびすさまに、思わずぼやく。すると、えびすさまは不思議そうな表情で聞いてきた。

「あすかちゃんは、お金が欲しいの？」

え？　何でそんな当たり前のこと聞くんだろう。お金を持っている人がお金持ちだもんね？

「うん、欲しい。欲しいに決まってるじゃない。だってお金持ちって、お金を持ってる人でしょ？お金のない『お金持ち』なんていないでしょ？」

ははーん、としたり顔でえびすさまは頷き、訂正を始めた。

「お金を持っているのがお金持ち、というのは確かにそうなんだけど、そこを今の状態で目指すと、あすかちゃんが思っている方向とはかけ離れたところに行ってしまうんだよね」

「かけ離れたところ？　どういうこと？」

「今のあすかちゃんの言葉は、目的と手段が混同してしまっている状態ゆえの台詞なんだ。金持ちは、お金自体が欲しいのではない。ちなみに、金持ちでない人もやっぱり、お金自体が欲しいのではない」

お金「自体」という言葉が妙に引っかかった。お金自体じゃないとすると、私が手に入れたいものって何なんだろう？

「お金が欲しい、と口にする人は確かにたくさんいる。でもそれは、実は多大なる勘違いなんだ。あすかちゃんも、そして他の多くの人もみんな、本当にお金が欲しいわけではない。お金が欲しい、と言う人ほど自分と向き合わず、自分自身を蔑《ないがし》ろにしているね。自分との対話がうまくできていない、ということだから。

本当に欲しいのはお金じゃない。求めているのはもっと別のもの……その先の『感情』なんだ。手に入れたい感情があるから稼ぐ。そして、その感情を実際に手に入れるために、使う。お金は、そういった感情を得るための『交換券』に過ぎないんだよね」

交換券。お金が交換券だなんて畏《おそ》れ多く感じてしまうけれど……文化祭の金券と一緒って思えば良いのかな。お団子や焼きとうもろこしを食べたり、お化け屋敷に入るのに使ったり。そう思うと交換券、っていうのも、まぁ、合っている気がする。

「交換券、って面白いね！　いっぱい集めるほど、色んなものと交換できるってことでしょう？」

「そういうこと。交換先はモノ以外にも色々あるけどね。あすかちゃん。お金があったら何がしたい？」

えびすさまが楽しそうに聞いてくる。

「んー、星付きの美味しいレストランに行ってフルコースを堪能したり、ビジネスクラスで世界中を旅したり、かなぁ。おしゃれなブランドバッグも欲しいし、広いおうちにも引っ越したい！　あ、就職はしないかな、お金があるなら、わざわざ働く必要もないし」

妄想で楽しくなってつい矢継ぎ早に答えてしまったけれど、あまりに俗世すぎて呆れられてしまったかしら……。恐る恐るえびすさまの表情を伺うと、いつも通りのにこにこ笑顔でほっとひと安心。ちっぽけな私の夢をこんな笑みで聞いてくれるなんて、この人は本当に、どこまで寛容なんだろう。

「うん、叶えたいことはたくさんあるよね。今の段階ではなおさらだ。むしろ、数えきれないほどたくさんあっていい。ただ、これらの叶えたいことが決して『それ自体』をしたいのではない、ということをわかっていればね。

人がお金を稼ごうとするのは、叶えたい夢、それを実現することで得られる『幸福感』を求めているから、ということをきちんと覚えておく必要がある。どんな人も、感情からは逃れられない。人生は感情が全て。地位や名誉を求めるのも、モテたいのも、ちやほやされて『良い気持ち』になりたいから。求めているのは幸せや楽しさ、充実感なんだ」

欲しいのが「幸福感」？

ここで、私にある疑問が浮かんできた。

「でも、それっておかしくない？　本当に幸福感が欲しいんだったら、それさえ得られるのであれば、お金は必ずしもいらないって話になるよね？」

「良いところに気が付いたねぇ」

えびすさまは嬉しそうに笑う。

「そう、幸せな感情を満たすことに焦点を当てると、お金持ちになる前段階から、満ち足りた豊かな人生を歩めるようになる。これが、『お金がなくても幸せ』の原理だ。十分なお金がなくても叶うことはたくさんあるね。その上で、お金があると、叶うことがもっと増える。幸せな瞬間を人生でたくさん集めたいから、多く体験したいから、だったらお金はあったほうがいいよね、ということなんだよ」

「あ！」と私は、えびすさまの話が最近の体験にリンクする。

「あのね、えびすさまと約束したでしょう？　貧乏界脱出記念に、『お金がない』って言わないことにしたの。そしたらお金が『ある』ってことにすごく感謝できるようになった。資産状況は何も変わってないんだけど、二百五十円のカレーもちょっとした移動の電車賃も、全部全部ありがたいなぁって。私がこうして楽しく生きていられるのって、お金のおかげなんだなぁって。やってること自体は何も変わっていないはずなのに、こんなに世界が違って見えるなんて、びっくり！」

「そうそう、素晴らしい。それなんだよ。お金が使えるって幸せなことだよね。人はお金を使うことで幸せを感じられる。例えばあすかちゃん……お洋服は好き？」

「大好き！」

「女の子だねぇ」と笑いながら、えびすさまは続ける。

「最近欲しいお洋服はある？」

「うーん……ちょうど一着、とっても素敵なワンピースがあって。見てからここ数日、ずっと頭から離れなくって」

「どうしてそれが欲しいの？」

「こないだ銀座でたまたま見かけたんだけどね、色も形も着心地も、私の好みど真ん中だったの。もう本当に可愛くて、思い浮かべるだけでときめいちゃう」

「それを手にしたら、あすかちゃんはどんな気持ちになる？」

「えーっとね、嬉しくって、幸せで、きっとしばらくご機嫌。そのお店のロゴが入った袋を持っていることすら楽しいし、お会計もルンルンだし、もしかしたらウキウキ気分でそのままお店で着替えて帰っちゃうかも」

「うん、良いね、それだよ。あすかちゃんはそんな自分に会いたくて、洋服ひとつ選ぶとしても『これを身に纏《まと》ったら、どんな気持ちになるかな？』『どれだけ幸せになるのかな？』と思って買い物をしているんだ。自覚していたかどうかはさておき、今までもね。

このときあすかちゃんは、この洋服『自体』が欲しいんじゃない。得たいのは感情。幸せな気持ち……現代は特に、モノに溢れている。人間の欲求はより高次元になり、もう、モノが欲しいという段階はとうに超えているんだよ」

えびすさまはそう言うと、あぁ、と何かを思い出したように、「少し話はずれるけど」と前置きをして、

「そういう意味では、物欲がとどまることを知らない『小金持ち』の人たちは可哀想というか、完全に時代遅れだね。そういうお金の使い方は消費であり、浪費。端的に言えば無駄遣い。買っても買っても満たされずに虚しさばかりが募《つの》るだけで、かえってその行為に余計に拍車がかかるのだけど……。

そういった人は、まず自分に丁寧に寄り添ってあげる時間が必要だ。本当は何が欲しいのか。どんな感情を得たいのか。自分が本当に求めている感情へ早めに気づくことで、人生はもっと楽に、楽しくなる」

きっと、私よりも遥かにお金を持っているのに、潤沢に使えるお金があるのに……それでいて満たされない人もいるんだ。それって何だか、すごく切ない。いつも幸せそうなえびすさまとそういった人たちとの違いは、このお金の「先」の捉え方なのかも、なんて一丁前に考えたりして。

「何かが欲しい、と思ったときはね、この『どんな感情を得たいのか』というところまで考えるようにすると良い。お金持ちとして生きる上で、ここはものすごく大事なところだ。

そして『幸せなお金持ち』になっていくコツはね、自分の得たい感情がわかったら、それを今のうちから先取りしていくこと。あすかちゃんは、資産状況は何も変わっていないと言ったね。でも今持っているお金、あるいは他の何かしらのエネルギーを使って『その感情』を手に入れたら良いだけなんだ。

どうやって『その感情』を手にするか？　これは創意工夫が試されるところでもあるけれど、きっと今のあすかちゃんならもうできるよね。感情であれば、たとえ十分なお金がなかったとしてもいつだって身ひとつで手に入る。

そう身構えずに、自分の感情を満たしていく遊びを楽しんでいこう。きっと楽しめると思うよ。少なくとも、『貧乏で居続けるごっこ』よりは、遥かに気持ちも良いはずだしね」

「もー、それはちゃんとやめたってば」

私は思わず苦笑い。本当ね。同じようにゲームをするのであれば、こっちのほうがよっぽど楽しそうだし、お金持ちへの道をちゃんと歩んでるって感じ。

「お金を求めるのはもちろん、悪いことではないよ。ただ、『お金』に焦点を当てるのではなくその先の『感情』を手に入れたいということを、お金持ちになるんだったらしっかりと自覚しておく必要がある。

ここを誤解していると、お金を得るほどお金に固執してしまうし、なくなるのが怖くなる。結果として、全くと言っていいほど、お金を巡らせることができなくなってしまう。循環しないお金はどんどん澱《よど》み、腐っていくだけだね。どれだけお金を得ても滞《とどこお》らせるだけ。そんな状況は、とても豊かとは言えないだろう？」

「使わないとダメってこと？」

「そう。正の循環によって豊かさをどんどん広げていくのが、幸せなお金持ちになる秘訣だ。お金はあくまでも『交換券』。決してそれ自体を追い求めることのないように。どれだけお金を得たとしても、使わないままでは『紙くず』と一緒なんだよね。通帳に数字が無機質に並んでいるのを見るだけで満足していて良いの？　今世の寿命が訪れたとき、大量の札束に囲まれていたい？　……きっと、あすかちゃんが求めている状態は違うよね。

お金は、あの世までは持っていけない。ちゃんとお金を巡らせて、生きているうちにたくさんの豊かな体験をしてほしい。お金はそれを叶えてくれる、とても優秀なツールなのだから」

今回の学び

・お金が欲しいのではなく、得たいものは幸せな感情
・お金がなくても幸せにはなれる
・幸せを先取りするのが、今すぐ「幸せなお金持ち」を体感する方法

04　実は、お金を稼ぐのは簡単なことである

　ある昼下がり、えびすさまのおうちにお呼ばれして。玄関から一キロはあるかな、というアプローチ。手入れの行き届いた日本庭園、鹿威《ししおど》しに鯉。ここはドラマの世界？と見間違うほどの仰々しい佇《たたず》まいに思わず緊張する。

　そんな中、いつも通りの笑顔で現れた彼は「よく来てくれたねぇ」と微笑み、よいしょ、と縁側へ引きずってきたロッキングチェアに揺られながら、こう問いかけてきた。

「あすかちゃん。お金を稼ぐって、難しいと思う？」

　今の私は、どれだけアルバイトを頑張っても、月に八〜十万円が得られる収入の限界。

「もし、私の分身を何人もつくれるなら、それは楽勝だなー、とは思います。でもこの状況で例えば月に百万円を手にするのは、正直難しいんじゃないかな」

私にとっての百万円はきっと、えびすさまにとっての千円ぐらい。ほう、と眉をひそめて、彼は再び問いを投げかけてきた。

「お金を得られる人と得られない人は、何が違うと思う？」

そんなことを聞かれたとして、大学生の私がこの百戦錬磨の大富豪に満足のいく答えを提供できるはずもない。でも、ここで答えないと、このまま見捨てられる気がする。私の直感がそう、警鐘を鳴らしてきた。

えびすさまはとても優しい人だけれど、同時に、お金持ちだけが持つ独特の雰囲気を常に放っていた。それは、自分の時間を無駄にする人、自分の期待を超えられない人とは今後一切付き合わない、という姿勢を明確に示す、強いものだった。

「お金を得られる人と得られない人との違い、は……やる気？」

かろうじて絞り出した私の答えに、目の前でケラケラと笑う人。

「そうだね、確かにやる気もあるかもしれない。他には？」

「賢いかどうか、とか」
「それもあるね。あとは？」
「人の話を聞けるとか……？」

問われ続けても思い当たる要素などそうあるものではなく。困り切ってえびすさまを見上げたら、彼は全てを察知しているようにそっと目を合わせ、私にこう言ってきた。

「ありがとう。意地悪をしてしまったようでごめんね。あすかちゃんの、わからないなりに知恵を振り絞って答える姿勢は素晴らしいと思う。実際、答えてくれたことはちゃんと、全て正解ではあるよ。でも、残念ながら根本ではない」

根本？　……一体、何を持って「根本」と言うのだろう。

「お金を稼ぐ、という行為は、思っている以上にずっと簡単だ。するべきことと言えば、そのとき社会に求められている価値を提供するだけ。そうするだけで、お金は自分の元に集まってくるようになる。

稼ぎたいと口にするのに稼げない人は、本当に稼ぎたいわけではない。ただ『稼ぎたい』と言っている自分に満足したいだけ。そんな状態で『稼ぎたい』と口にすることはそもそもお金に対する冒涜《ぼうとく》となってしまうんだけどね。だからそういった人たちは、結局稼ぐことができない。そもそもあすかちゃんは、どうして稼ぎたいの？　あすかちゃんにとってのお金持ちってどんな人？　何のために稼ごうと思って、この世界に入ってきたのかな？」

なぜ稼ぎたいか。なぜお金持ちになりたいか。そんなことは永らく考えたこともなかった。私にとって「お金持ちになる」のは幼少期からの決定事項で、それを実行すべく、こうしてわざわざ投資家、お金持ちを探し出して仲良くなって……

あれ？

私、そもそもどうしてお金持ちになるんだっけ？

その瞬間、ぐわんと世界が回り、私の中で何かが崩れた。

私には理由がない。お金持ちになる「理由」が。

それは、ついにお金持ちという存在が天上の世界から「現実のもの」として私の中に現れた瞬間だった。ぼんやりしていたものがようやく、形として捉えられるようになった瞬間。

お金持ちってなんだろう。私の思い描くお金持ちは、どんな人のことを言うのだろう。稼ぐってなんだろう。稼ぐ理由って何？　稼いだ先に待っているのは、どんな未来？

混乱した私は、率直に聞いてみることにした。これ以上自分で考え込んでいても、行き詰まるだけだと思ったから。時間は命。経験は財産。こういう類のものは、知っているであろう先人に教えを請うのが圧倒的に早い。

「えびすさま、ごめんなさい。私、わからなくなっちゃった。お金持ちって何？　えびすさまはお金持ちって、どんな人のことだと思う？」

彼は少し驚いたのちに嬉しそうな笑みを浮かべ、うん、うん、と二度頷いた。

「あすかちゃんはずっと、『お金持ち』と『お金持ちじゃない人』を分けて考えてきたんじゃないかな？　そして、お金持ちは何か伝家の宝刀のような『秘密』を持っている人だと。

……決してそんなことはないんだよ。金持ちは何も、特別な存在じゃない。金持ちと金持ちじゃない人の間に、差なんて元から、ほとんどないんだ」

衝撃だった。お金持ちが「特別な存在」じゃない？　じゃあどうして、世の中にお金持ちとそうじゃない人がいるんだろう。私の心を見透かすように、彼はこう続けた。

「ここで問題。差がほとんどないと言っても、面白いことに、わずかにはある。では、その差は果たしてなんだと思う？」

「んー、入ってくる情報？」

「情報！　それも確かにそうだね。ただ、それはお金持ちの世界が始まってからの話だ。もっと前の段階。金持ちに『なる』人とそうじゃない人の差はね……あすかちゃんも、もう気づいているはずだ。

なんてことない、『理由』だよ。心からの、稼ぐ理由。それは原稿用紙何枚分といった仰々しいものである必要はない。そんなものはむしろ、最初の段階ではないほうがいい。頭でっかちになると、うまくいくものもいかないからね。

とにかくシンプルに、簡潔に。俗世的なものでも構わないよ。いい車に乗りたい、モテたい、有名になりたい。なんでもいいから、ひと言で表現できる『心からの叫び』だ。だから『どうして稼ぎたいの？』って聞いたんだよ。

意地悪をしてすまなかった。でも、それがないと、ずれてしまうんだ。お金は夢や理想を叶えてくれる素敵なアイテムだけど、同時に、非常に不思議な魔力を持つ。だから、この根っこの部分が曖昧だと、人間はあっという間に飲み込まれて破滅してしまうんだ。そんな人を何人も見てきたから、せめてあすかちゃんには同じ道を辿ってほしくない」

深呼吸をひとつ。そして彼は真剣な眼差しで、再びこの問いを投げかけてきた。

「もう一度聞こうか。あすかちゃんは、どうして稼ぎたいの？」

「……金輪際、我慢したくない」

思考を止めた瞬間、ぽろっと口をついて出てきた言葉。一番びっくりしたのは私自身。私ったら、そんなことを思っていたの？

でも、そうだ、思い出した。当たり障《さわ》りのない人生。そこそこ順風満帆な日々。このままレールに乗ってさえいれば、過不足のない暮らしぐらいはきっとできる。……でも、本当は？

もっともっとやりたいこと、やってみたいことはたくさんある。美味しいものをおなかいっぱい、値段を気にせずに食べたい。旅行にだって行きたい。ビジネスクラスに乗ってみたい。ここからここまで全部ください！って言ってみたい。自分が経験したことのない世界をどんどん見て、触れて、感じてみたい。制限のない生き方をしてみたい。

興奮したまま捲《まく》し立てる私を楽しそうに眺めながら、彼は満足げにこう言った。

「それでいい。おめでとう。では、お望み通りいよいよ、稼ぐ旅に出るとしようか」

今回の学び

・お金を稼ぐのは簡単なこと
・お金持ちとそうでない人の差はほとんどない
・稼ぐには、なるべくシンプルな理由が必要

05　お金が好きでなければ、お金持ちにはなれない

「金持ちになれるかどうかは簡単な質問で測ることができる。どうだろう。その質問、知りたいかい？」

あるとき、えびすさまが強烈なヒントをくれた。

「もちろん！」

えびすさまは「そうだねぇ～」「どうしようかな～」と少しもったいぶって、そして唐突に聞いてきた。

「あすかちゃんは……お金が好き？」

「うん！」

「あぁ、思った通りだ。あすかちゃんはお金持ちになれるね」

「え、どういうこと？　これだけで？　なんでわかるの？」

私は不思議だった。だって答えたのは「うん！」と、たったひと言。しかも別に、大したことは聞かれていない。

「答えもだし、答え方にも表れるんだよね。この質問に間髪入れずに『好き』と答えられるのなら、既に『お金持ち』になる第一段階を満たしている。金持ちでお金が嫌いな人に、僕はまだ会ったことがない。みんな当然のごとく『好き』だと言う。それは日々のお金の扱い方を見ていても一目瞭然だ。

金持ちにとって、お金を好きでいるというのは当たり前のことなんだよね。お金があるおかげで、たくさんの経験ができているのだから。金持ちほど、きちんとお金を尊重する。感謝こそすれ、嫌ったり敬遠したりする人はいないだろう」

確かにえびすさまたちはお金を大切にしている。

「ありがたいね」「おかげさまだね」が口癖だし、それこそ一円にだって敬意を払っているように感じる。

「金持ちじゃない人にさっきの質問をすると、どんな答えが返ってくると思う？」

「お金が好きか、ってやつ？　うーん、嫌いって言う人はさすがにいないと思うんだけど……」

「金持ちじゃない人の答えはこうだ。
・好きになりたい
・好きだけど、口に出してはいけない気がする
・お金が好きか、なんてそんなこと、考えたこともなかった
そんな風に、どこか否定的だったり精神的抵抗があったり、後は無関心な人が多いね」

どうしてだろう。お金は自分の願い、夢や理想を叶えてくれるものなのに、なぜもっと丁重に扱わないのだろう。どうして大切なお金を無視することができてしまうんだろう。

「お金が好きだと言うと『守銭奴』扱い。お金を追い求めることは美しくない。お金のことを口にするのは、浅ましく、恥ずかしいこと。こういった意識が蔓延《まんえん》しているせいでどんどん貧

乏になっていくというのに、日本の教育とは本当に罪深いものだよね」

　えびすさまは、やれやれ、と言わんばかりにため息をつく。もしかして、お金持ちでいることでそういった否定や批判をされることもあったのかななんて想像すると、なんだか切ない気持ちになった。


「金持ちと金持ちでない人とで大きく違うのは、お金に対する感情なんだ」

「お金に対する感情？」

「そう、お金のことが好きか嫌いか。お金を大切に思っているかどうか」

「どうしてお金を嫌いになれるの？　衣食住、生活のほぼ全てを担ってくれているのが『お金』でしょう？」

「不思議とね、貧しい人ほどお金のことを忌《い》み嫌うんだよ。あたかも『お金のせいで』自分は貧しいのだと言いたげに。でも、そんなことはあり得ない。

　試しに話を聞いてみると大概、何かしら今までにお金のせいで嫌な目にあったり、お金のせいで争いに巻き込まれたり、お金のせいで不幸になったり、といった主張をしてくるんだけどね。それは単なる勘違いだ。

　お金は悪くない。扱い下手な自分のせいで、お金を満足に活用できなかっただけなんだよ。

被害妄想も甚《はなは》だしいよね」

衝撃だった。まさか「お金が嫌い」という人がこの世に存在するなんて。私、お金というものを初めて認識したときから、ずっとお金が好きなんだけどな。まあ世の中には、色んな考え方の人がいるもので。

「あすかちゃんは、どうしてお金が好きなの？」

唐突に聞かれる。

「お金が好きなのは……ひと言で言えば、『私がやりたいこと』を叶えてくれるから。これね、小さい頃から思ってたの。お金って魔法みたいだなって。好きなおもちゃやお菓子も買えるし、家族でお出かけするときだって、美味しいものを食べるときだって、いつだってお金が活躍していたから。なんでも交換できる夢のパスポートみたい！ってキラキラ輝いて見えたんだよね。その頃からお金自体も、それを集めるのも、使うのも大好き」

「そう、その軽やかさ。それが大事だ。貧しい人にはそういった軽やかさが皆無でね。何か恨みでもあるのかというぐらいに、お金に負の感情をあれこれ背負わせようとする。お金はとても綺麗好きだから、そういうドロドロとしたものにまみれるのを極端に嫌うんだ」

お金は綺麗好き。それはなんとなくわかる。お金持ち界隈は誰の家に行ってもいつもスッキリと片付いているし、お金持ちの多くがお財布の中をお札やカードだけにして整然と保っていることとも、関係しているような気がした。

「お前のせいで……って不平不満、文句や愚痴をひたすら言うような人がいたら、あすかちゃんだって接したくないよね。

お金も一緒なんだ。被害者意識でいる人、自分のことを嫌っている人の元へは行きたがらない。行ったって気分が悪いし、また無駄に使われるだけだからね。可哀想に、誰が行くかっていうのは常に爆弾ゲームみたいに押し付け合って決めているし、行ったとしても居心地が悪いから、なるべく早くその場を離れようとする。だから貧しい人の手元には、常にお金が『ない』。

貧しい人はお金が入ってこないことに対する自分の非を頑《かたく》なに認めないけれど、もしそれを自覚することができたなら、お金の巡りだって変わってくるのになぁ。彼らはいつになったらそのことに、気が付くのかねぇ」

えびすさまは悲しげに、また一段と深いため息をついた。

「自覚したら、その人たちも変われるの？」

「そりゃあそうだよ。貧乏が自分のせいだったと気づけたとしたら、自分の努力次第で状況だって改善できるでしょう？　お金は悪くなかった、と認識できると、日常生活においていかにお金が自分の生活を支えてきてくれたか、ということがよく見えるようになる。

お金の使いどころは、何も高価なものや贅沢品に限らないよね。百円のコーヒーだって五百円のランチだって全て、お金があるからこそ味わうことができている。

お金が『ない』と思っているところから『ある』にシフトしたとき、世界の捉え方は百八十度変わってくるんだ。そうすると、お金に対する感謝の念も自然に湧き上がってくるものでね。生活の大半を担ってくれていることにきちんと『ありがとう』という気持ちを持つことができる。

そうなった人はもう、お金が嫌いだなんて、二度と思わないはずだよ」

お金が好きな人は、お金に感謝している。お金が嫌いな人は、お金に感謝の気持ちがない。お金に感謝できない人は、そのままでは決してお金持ちになれない。

このことを知った私は、それからお金持ちやお金持ちになる人と貧しいままの人とを簡単に見分けられるようになった。そして、えびすさまやおじいちゃんたちが、なぜ人にもお金にも好かれているか、という理由も。

決して偉ぶることなく、日々の様々な事象に「ありがとう」と感じ、伝え続ける。

幸せなお金持ちほど、自分を取り巻く全てのヒト、コト、モノへの感謝を大切にしているのだ。

今回の学び

・お金持ちはお金が好き
・貧しさをお金のせいにしているうちはお金持ちになれない
・お金に感謝をすることで、世界の捉え方は百八十度変わる

06　貧乏人の悩みの九十九パーセントはお金で解決できる

「あすかちゃん、知ってる？　貧乏人の悩みの九十九パーセントはね、お金で解決できるんだよ。」

「九十九パーセント？　え、それって、ほぼ全部ってこと？」

唐突に投げ込まれた爆弾発言にびっくりして、思わず聞き返す。

「そう。少し乱暴な物言いだけどね。人によっては明らかにムッと不機嫌になることもある。でもこれは、僕たちが生きるこの資本主義社会における『真理』とも言えるものなんだ」

「資本主義社会の真理……」

「例えば、お金があったら解決する悩み、ってどんなものがあると思う？」

「うーん、嫌々やっている仕事を辞められるとか？」

就職したばかりで、会うたびに愚痴ばかりこぼす先輩の顔が真っ先に思い浮かんだ。

「そうだね。例えば勤め先の職場環境も人間関係も最悪だったとして。『もう辞めたい』と思い続け、いよいよ限界が訪れようとしている。そんなとき、明日辞表を提出することができるかどうか。この場合、経済的な余裕が十分にあればすぐに辞めることができるよね。

でも、多くの人は生活のために、『嫌々働き続ける』という選択を取らざるを得ない。なぜなら、お金が足りないから。仕事を辞めたら生活が立ち行かなくなってしまうから。

これがもし、十億円を手にしていたとしたら、嫌々続けるという選択肢を選ぶ人はほとんどいないだろう。わざわざ無理をして働く必要がないのだからね」

以前、飲みの場で先輩たちが「宝くじが当たったらどうする?」という話題で大盛り上がりしていたことを思い出す。ぶっちぎりで一位だった答えは「仕事を辞める」。ストレスを抱えながら働いている人は本当に多い。お金があったらみんなきっと、すぐにでも辞表を出すのだろう。

「仕事に限らず、大抵のことはお金で解決できるようになっているんだ。日々の悩み、ストレス、欲望、争い。お金によって、そのほとんどは解消する。九十九パーセントというのは大げさでも何でもなく、極めて現実的な数字なんだよ」

仕事、悩み、ストレス。確かに私がここまでに思いついたものは全て、お金があれば解決することばかりだ。

「問題を解決するための一番手っ取り早い方法が『お金』なんだよね。何か良い方法があるのではないか?と知恵を絞ってあれこれ解決策を考えたところで、その多くは無駄になる。より早く、より正確に問題を解決するには『お金を稼ぐ』というシンプルな策が一番効果的だ。

悩むのが趣味でもない限り、その悩みを一日でも早く取り除いたほうがよっぽど人生を有意義に過ごすことができる。お金で解決できるとわかっていることを、なぜだらだらと引き延ばすのだろうね? いつまでも、『稼ぐこと』から逃げていたって、何も良いことはないというのに」

「どうやって稼いだら良いかがわからないんじゃない?」

まだまだ模索中の私。稼げば良いとわかっていても、何をしたら稼げるのかがわからない。

その状況は、痛いほどわかった。

「稼ぎ方なんて何でも良いんだよ。ビジネスでもダブルワークでも、投資でも。お金の余裕を生み出しさえすれば、問題は解決する。

こんなことを言うと、『世の中お金が全てだって言うの？』なんてお門違いにも噛みついてくる人がたまにいるんだけどね。そういう人ほどお金に振り回されている、というのは興味深い事実だ。

ちなみにあすかちゃんは気が付いていると思うけど、お金が全て、なんてことは当然、ひと言も言っていない」

お金を悪者にする人ほど、実はお金に振り回されている。これは、周りを見ていてもよくわかる気がした。

「世の中お金が全てではない。ただ、お金があればできることが増える。これが資本主義社会の現実だ。自分がしたいことをできるだけのお金があれば、心配や不安から解放されるよね。お金の余裕は、時間と心の余裕を生む。お金は早めに稼いだほうが良い、と繰り返し伝えてきたのもこういった理由だ。

資本主義社会において『お金がない』というのは、すなわち『死』を意味する。衣食住をはじめとする日々の生活から結婚、出産、子育て、介護、離婚といったライフイベント、生きる

ために は全てに『お金』が必要だね。
働き手の数が変わらないのであれば、家族が増えるほどに支出は増えていく。家計はどんどん圧迫され、耐えきれなくなったら『ゲームオーバー』だ。お金があることは、困窮やそれに伴う家庭内不和を回避してくれるんだよね」

資本主義社会でお金がないというのは「死」を表す。えびすさまが言ったからか、この言葉は一層重みを増して聞こえた。

「大切なのはお金じゃない、などと主張する人もいるだろう。でもね、この言葉を金持ち以外が言ったとしたら、それは単なる綺麗ごとだ。
失礼に聞こえたら申し訳ないが、これは金持ちにのみ言うことが許されているフレーズでね。貧しい人が口にしたって、ただの負け惜しみにしか聞こえないんだよ。だって、説得力がまるでないんだから。
貧しい人ほどお金を軽視する。お金を粗末に扱ったり、お金『なんて』と口にしたりね。お金『なんて』と言う人を、金持ちは決して信用しない」

えびすさまはそう言い切った後、お金持ちだけが実感する話を教えてくれた。

「貧乏人の悩みの九十九パーセントはお金で解決できる、という言葉には続きがあるんだよ。貧乏人の悩みの九十九パーセントはお金で解決できる。だが、金持ちの悩みの九十九パーセントはお金では解決できない。

そう、お金で解決できることなど、実はほんのひと握りだ。なら、幸運にもそれに当てはまる悩みが生じたなら、強がらずに、意地を張らずに、さっさとお金で解決してしまえば良いよね。僕たちはお金で解決できない問題に向き合い、取り組む時間を、しっかりと確保しなければいけないいんだから」

お金で解決できることは、お金で解決する。時間という命を無駄にしないために。お金持ちにとっては、それが当たり前の選択なのだ。

「あすかちゃん。貧しい人の悩みのうち、お金で解決しない『残り一パーセント』はどんなことだと思う?」

「んー、……月並みだけど『愛』とか? あと人間関係とか、健康とか」

「そうだね。そしてそれは、金持ちも同じように悩むことだ。人間であれば、誰しもが悩む可能性のあるところ。こういった悩みには、お金のような『特効薬』がない。悩みを解消する方法だって、ひとつひとつ異なる。

こういったことにきちんと時間を割くために、お金はなるべく早い段階で稼いでおく必要があるんだよ。人生は、人間の都合を待ってはくれないからね」

今回の学び

・貧乏人の悩みの九十九パーセントはお金で解決できる
・お金はなるべく早く稼いだほうが良い
・大切なのはお金じゃない、というのは、お金持ちにのみ言うことが許されたフレーズ

07 節約は貧乏の元、ブスの元

週に一度や二度アルバイトをしたところで、得られる収入はたかが知れている。減りもせず、かと言って増えもせず。やる気のない通帳と睨《にら》めっこをしていた私は、少しやさぐれ気味にえびすさまに聞いてみた。

「ねー、えびすさまって今まで節約してきた？　実は、結構頑張ってきた？」

えびすさまは口に運ぼうとしていた煎茶を一度茶托に戻し、

「面白いことを聞くねぇ。どうしたの？」

と聞き返してくれた。

「や、ね、微動だにしない通帳を見てたら、今の私がこの状況を打開する方法って何かなぁって。

収入が限られてるっていうことは、支出を減らさなきゃいけないってことだよね？　で、お金持ち全開のえびすさまは、すんごい節約上手なのかなーと思って。色んなお仕事で稼いだ分ももちろんあると思うけど、それをちゃんと守れなかったら、お金って手元には残らないでしょう？」

あぁ、そういうことか、と、えびすさまは納得したようだった。その顔を見た瞬間、私はまたも貧乏界の常識を口にしてしまったのだろう、ということに気が付く。案の定、えびすさまは、今までに聞いたこともない台詞を私に向かって言ってのけた。

「いや、節約したところで金持ちにはなれないよ？　というか節約はそもそも、ほとんど意味がない行為だ」

「……え？」

嘘でしょ。節約に意味がない？　じゃあ今まで言われてきたことは何だったの？

「節約できるのはしっかりしている証拠」

「ちゃんと節約しなきゃダメよ」

人生の中で、何度となく耳にしてきた。

ピシッとレシートを貼り、家計簿を一円単位でつけ、来月はどんな風にやりくりをしようかと考えるのが「良妻賢母」の鏡。当たり前に正しいと思い、間違っているかどうかさえ考えたことがなかったこの概念も、お金持ち界では非常識だったなんて……。貧乏界の常識、恐るべし。

そんな私の感情を汲み取ってか、えびすさまは取りなすようにこう言ってくれた。

「あすかちゃんは、お金を増やす仕組み自体はおぼろげにわかっているみたいだね。そう、収入を上げ、支出を減らし、資産を正しく運用すれば、お金は雪だるま式に増えていく。

これは金持ちの『基本原則』だ。こう並べると、お金を増やすにはあたかも支出を減らす、つまり『節約』が他のふたつと同じぐらい重要であると錯覚を起こしがちだよね。ゆえに勘違いしてしまうのも、よくわかる」

だから自分を責める必要はないんだよ、と、私の頭をポンポンっと撫で、彼は続けた。

「でもね、残念ながら、『節約』自体には人生を劇的に変える力はない。収入をひたすらに上げ続けることでお金持ちになる人、投資だけでお金持ちになる人は一定数いるが、節約だけでお金持ちになったという人を、僕はまだ一人も知らない。きっと今後も遭遇することはないだろう。なぜなら、節約というのはあくまでもお金の『枠』が決まった状態での行為であり、元々あったお金以上にプラスに転じることは物理的にあり得ないからね」

使えるお金を削っていく作業、それが『節約』。昔から苦手、というか嫌いだった理由がやっとわかった。何度か試してみたものの、節約をすればするほど心がどんどん荒《すさ》んでいくような気がして、仮に数万円を浮かせることに成功しても、これっぽっちも楽しいと感じたことがなかったのだ。

「節約は貧乏の元。これは、お金持ちの世界では常識だ。まず、節約しようというその独り占め思想が美しくないし、効率も悪い。節約って、これと言って良いところがないんだよね。少し考えればわかることなんだけど、節約で得られるお金って本当に微々たるものだ。例えば……新入社員の手取りってどれくらいか知っているかい？」
「んー、二十万ぐらい？」
「そうだね、今は大体そのくらいだろう。では仮に二十万円の手取りだったとして、その人が頑張って節約をしようとする。友人の誘いを断り、外食をやめ、コンビニにも寄らず、買い物や旅行を我慢して……。

その結果得られるお金はどれほどのものかな？　月に換算して言えば、せいぜい数万円が限度だよね、きっと。十万円以上を得られる人はほとんどいないだろう。どんなに切り詰めても、固定費まではなかなか削れるものではない。そうすると自分の楽しい時間を削って、数万円ぽっちを得ることになるんだよね。それって悲しいとは、思わないかい？」

確かにそう。私は人が好きで、友人たちとお喋りをしたり美味しいものを食べたりする時間をこよなく愛している。その時間を削ってまで数万円に捧げるのは、とても、とても嫌だった。

「節約で得られるお金は本当に限られている。したくない我慢を無理にして、やっとの思いで数万円を捻出するなら、週にあと一、二日アルバイトをしたら良いんじゃないかな？

お金を得る方法はたくさんある。単純な肉体労働でも良いし、家庭教師のように時給の高いものと掛け持ちするのも有効だね。そのほか、副業でも、家にあるものをインターネットを通して売ったり、何かビジネスを始めたり。

あすかちゃんは、とてもラッキーな時代に生きている。今の時代、情報を得るのも実際に売買をするのも、全てインターネット上で事足《こと》りるんだからね。工夫とやる気次第で、数万円、数十万円という額は簡単に手にすることができる。支出を絞るぐらいであれば、収入を上げるほうにフォーカスしたほうが、身も心もよっぽど健全に過ごせるよね。
まぁ、誘惑にあまりに弱い場合はあえてギリギリまで節約することで暇をつくって収入を上げるための時間を確保するのもひとつ有効な手段だけれど、あすかちゃんはそういったタイプではないから大丈夫だろう」

えびすさまはそこまで言うと、悪戯っぽく目配せをした。

「そうそう、あすかちゃんは女性だから、これも覚えておいたほうが良いね。さっき『節約は貧乏の元』はお金持ち界での常識だと言ったが、同時に『節約はブスの元』でもある」
「ブスの元?! やだぁ。ただでさえ大して美女でもないのに、そんな私は節約したら、もはや目も当てられないような顔になるってこと?」

泣きそうになる。貧乏でブスだなんて、もはやどう生きていけば良いのかわからない。
あまりにこの世の終わり、みたいな表情になったのを見てか、えびすさまは慌てて「違う、違う」「落ち着いて」「ブスって当然、造形のことじゃないからね」と優しくフォローを入れてくれた。

「女性は無理をしているとねぇ、表情も纏《まと》う空気も、次第にどんよりとしてきてしまうんだ。うつむきがちになり、姿勢も悪くなり、肌は荒れ、ギスギスと『渇いた』人になる。女性には『潤い』が大事でね。潤いのないところにはお金も人も集まらない。可愛く綺麗でいるのを邪魔する選択肢なんて必要ないんだ。

節約をすればするほど、心が貧しくなる。貧相なところへお金は遊びに来ない。例えば……、あすかちゃんの周りのママさんにもいるんじゃない？　スーパーのチラシを見て、自転車でわざわざ隣町まで十円安い卵を買いに行くような人」

「いる！　数量限定だから、って、いっつも髪の毛振り乱しながら特売日の朝早くに卵を買いに行ってるご近所さん。自転車で二十分ぐらいかかるって言ってた」

「金額だけに目を向けてしまうと、そういった判断をしてしまうこともあるんだよね、人間って。でも実は、そんなことをしていると時間価値はどんどん下がっていく一方だ。この行為を取ることで彼女は『自分が時給三十円のオンナである』と自分自身に刷り込んでいるんだからね。可哀想に。本当はそんなに『安い』女性じゃないのにね。節約は心を貧しくし、自尊心を傷つける悪しき行為だよ」

そういえば、特売日にすれ違う彼女はちっとも幸せそうじゃなかった。得たいものを得たはずなのに、疲れのほうが勝《まさ》ってしまっているのか、ロクに目も合わせてくれないのだ。

ぼんやりと宙を見て、こちらから声をかけて初めて「あ！　こんにちは～」と返してくれる。引っ越してきてまだ一年も経っていないのに、当初よりも美しさというか瑞々《みずみず》しさは、確かに薄まっている気がした。

「収入を上げるという行為はプラスのエネルギー、支出を減らすというのはマイナスのエネルギーだ。繁栄と衰退。拡大と縮小。このどちらがお金を増やすのに有利かと言ったら、それは当然、収入を上げるほうだよね。収入を上げるというのは加算していく作業だから、自分の枠や可能性をどんどん広げていくことになる。

一方で、支出を減らすというのは削《けず》り落としていく作業だ。例えば極限まで減らせたとして、そこで得られる感情は何だと思う？　目標到達による達成感はあると思うけど、それはあくまでその瞬間だけのものだね。節約で得られる感情と言えば、正直それぐらいしかない。

支出を減らすほうに注力するのは『自分はこんなもんだ』『私は所詮この程度』と勝手に限界を決めていることになる。それは、自分を否定することにも繋がっていく。あえて自分を傷つけるようなことなんてしなくて良いんだ。……あすかちゃん、自分自身の稼ぐ能力を見くびってはいけないよ？　なぜなら君は、無限の可能性を秘めているのだから」

えびすさまは「節約万歳」の呪いを解くため、それを上書きする常識を教えてくれた。

「節約するなら、倍稼ごう」

彼曰く、これはお金持ちの「共通スタンス」なのだと言う。

どんなことをして稼ごうか、自分には何ができるだろうか。これらを考えるのは確かに、今度はどこを削ろう、これ以上何をしたらお金が浮くのだろう、と支出を絞る努力をしていたときよりも、遥かに胸が高鳴り、楽しい気分になった。

お金持ち界の常識というのはもしかしたら、ご機嫌に生きる秘訣のようなものなのかもしれない。

今回の学び

・節約では豊かになれない（金銭面でも気持ちの上でも）
・節約には限界がある
・支出を減らすよりも収入を上げるほうが楽だし楽しい

08　何かあったときのため、の貯金は「死に金」である

よく晴れた穏やかな日曜日。近くに美味しい喫茶店ができたというので、えびすさまと一緒にお散歩がてらコーヒーをいただきに。最近は支店の外で会うことも増えてきた。

えびすさまは、支店長をはじめとする支店の人たちが必要以上に気を遣ってくるのが少し疲れるのだという。そりゃあね、定期的に一億円以上も紙袋に詰めてきて、軽く雑談したのちに「はい、じゃあ今回もこれ、よろしくね」なんて無造作にカウンターに置く大富豪なんてそうそういるはずもない。丁重に扱わないほうが無理ってものよねぇ。

小径《こみち》に面したお店に入ると、全身がコーヒーの良い香りにふわっと包まれる。レトロなアンティーク調のテーブルにふかふかのソファー。ひと目でセンスの良さが見てとれた。カウンターでは渋い髭《ひげ》を蓄えた初老のマスターと思《おぼ》しき男性が、コポコポと音を立てるサイフォンのひとつに手をかけ、ゆっくりとフラスコをセットしていた。

「いらっしゃいませ。お好きな席へどうぞ」

私たちはお店の中ほどの角っこに陣取り、ホットコーヒーをふたつ頼んだ。デコボコと入り組んだ店内は死角が多く、何かと籠《こ》もったり内緒話をしたりするにはぴったりの場所に思えた。

ふと、横のほうから声が聞こえる。壁を隔《へだ》てた斜《なな》め前に、大きな花柄のワンピースを身に纏《まと》った綺麗なマダムと、パリッとしたスーツを自信ありげに着こなす青年。まだ二十代後半ぐらいかな。どうやら保険の勧誘のようだった。

「奥様、今はまだ、そこまで重大なことだとは考えられないかもしれません。でも、何かあってからでは遅いのです。何かあったときのために、今のうちからきちんと準備をしておくことは、将来への安心に繋がります。そのために私たちがいるのですから」

青年は熱心に口説き落とす。ハキハキとした口調のせいか、声のトーンなのか、そこまで大きな声でもないはずなのに、内容ははっきりと伝わってきた。

私は「何かあったときのため」という言葉が妙に引っかかり、えびすさまにそっと聞いてみた。

「ねぇ、えびすさまって『何かあったときのため』の貯金ってある？」

私は不思議だったのだ。

「何かあったときのために取っておきなさい」

「そんなに贅沢ばかりしていないで、ちゃんと貯金もしなさいね。人生何があるかわからないんだから」

なんて言われて育ってきたけれど、えびすさまと会って少しずつ、お金との向き合い方が変わってきた。そうしたら、「何かあったとき」って、一体いつのことを指しているんだろう、って。いつまで貯めていれば良いの？　なんて疑問が沸々《ふつふつ》と湧き上がってきて。

えびすさまは目を瞑《つむ》ったままコーヒーをひと口含み、そして聞き返してきた。

「何かあったとき、というのは病気になったり事故に遭ったり、あるいは自分や子どもたちのライフイベントとか、そういったことかな？」

「うん、たぶんそんな感じ。んー、私、たぶん正確にはわかっていないのね。ただ、今まで私の周りにいた大人たちは『何かあったときのために貯金しておきなさい』って言う人ばかりだったから。恐らく人生って、何かあったときというのがあるんだろうな、そのときえびすさまだったらどうするんだろうなって思って」

えびすさまが桁違いのお金持ちなのはわかっている。それでも投資と貯金の配分や、保険事情はすごく気になった。大富豪だからこそ。

「あすかちゃん、人生の三大出費って知ってる？」

「え、おうちでしょ、車でしょ、あとはなんだろう……結婚式？」

「惜しい！」とウィンクをして、彼は「保険だよ」と教えてくれた。

「人生の三大出費は家、車、保険と言われている。でもあすかちゃんのように、保険が三大出費と言われるほどの金額だとは意識していない人が大半なんだよね。保険は毎月少額ずつ出ていくものだから、全体でそんな大金を消費していることにはなかなか気づかない。じんわりと、でも確実に、固定費然として支出に食い込みお金を消し去っていく。それが保険だ」

「え、じゃあ保険は入ってないの？」

「いや、入っているよ。ただし必要最低限だ。手厚くかけるのが良いことだとは、僕は思わないからね」

「どうして？」

「大事なのは『バランス』だ。例えばあすかちゃんの周りで、そんなに贅沢もしていないのにいつも『お金がない！』と言っている人はいないかい？」

いる。親戚の集まりでも耳にするし、近くに住んでいるおばちゃん同士の井戸端会議でもよく盛り上がっている話題だ。思い当たるでしょう、といったニュアンスを含み、えびすさまはこちらを見ながら「そういう人ってね、」と続ける。

「実は『お金がない！』と言いつつ定期預金は三百万、一千万円あるという人も珍しくはない。日本の家計の金融資産残高のうち、現預金は一千兆円以上とも言われている」

「一千兆円？！」

聞いたこともない数字に、思わずむせそうになる。

「みんな貯め込んでいるんだよねぇ。それでいて『お金がない』など、アンバランスも甚《はなは》だしい。こういった人たちはね、保険も必要以上に手厚くかける傾向にあるんだ。『これもあったほうが安心だよ』『これもつけておいたほうがここまでカバーできるよ』などと、保険会社の甘い言葉に乗せられて、必要もないオプションまでどんどん追加していく。せめて定期的に見直せばいいものを、一度申し込んだら放置することも多い。お金を活用するのが下手だからね。

さらに、保険会社もビジネスだから、こちらが見直したいなと思ったところで、増額は簡単なのに減額は渋る。その間も当然、支出は嵩《かさ》んでいくことになるよね。その支出は、はっきり言えば『無駄な支出』だ」

「うわぁ、なんだか保険会社の人がものすごーく悪い人に思えてきた……」

私はもう一度横目で青年を見る。初めに受けた爽やかな印象が、今はかえって胡散《うさん》臭く感じた。えびすさまは可笑《おか》しそうに肩を揺すり、「それは違うよ」と宥《なだ》めるように言った。

「誤解のないように補足しておくと、保険の仕組み自体は非常に良いものだ。特に家庭がある場合は、いくら日本には国民皆《かい》保険制度があるとは言え、最低限の保険はかけておいたほうがいい。貯金だってそう。ひとり暮らしであれば三ヶ月分、家族がいるのであれば最低半年分程度の生活費は確保しておくべきだね。家族を路頭に迷わせるなど、あってはならないことだから。ただ……」

「ただ？」

「もし、それ以上のお金をただ貯め込んでいる人がいたなら、僕はこう質問したいね。

『そのお金、一体いつ使うおつもりですか？』

って。いつ使うか、もしその日時がはっきりしている場合は貯めていても良いんだ。曖昧でなければ、それは必要な貯金となる。でもね、真面目に、真っ当に、コツコツと。いつ来るかもわからない、もしかしたら来ることがない『そのとき』のために、『今』の楽しみを我慢してまでせっせと将来にお金を送り続ける。これはあまり、幸せなお金の回し方とは言えないよね」

確かにそうだ。お金を「回す」という考え方はえびすさまに出会ってから知ったものだけど、その視点であればお金を貯め込む行為というのはただ、流れを滞《とどこお》らせるだけになる。

「そもそも、不安からお金を囲い込むというのは、お金に非常に嫌われる行為だね。居心地がとても悪いから。そして、そういった人は総じて『がめつく』なるし、いくら貯めても不安が解消されることはない。いつまで経ってもゴールが見えないのだから、終わりも当然ない。あるとしたらそれは、寿命が訪れたときだ。それまで延々と貯め続けるだなんてまるで、お金の奴隷だね」

「お金の奴隷……」

「可哀想なのはお金のほうだ。そんなところにがんじがらめにされてしまうのは不運としか言いようがない。お金は使ってこそ本来の輝きを放つものだからね。お金を綺麗に使える人の元へはお金がどんどん集まってくる。

逆に、せっかくお金を手にしても、そのまま陽の目を見ないところへ追いやってしまう人には、お金はなかなか集まらない。活躍できないところにわざわざ来たがるほど、お金も物好きではないからね。そうして避けられて、全然巡ってこないから、だからもっと必死に囲い込むという構図になってしまうのは、目も当てられないよねぇ」

えびすさまはこめかみに中指を当て、残念そうに首を振る。

「お金は、ただ置いておくだけではちょっと高級な紙と変わらない。あすかちゃん、一万円札の原価はいくらか知ってる？」

「えっと……五百円ぐらい？」

紙質は外国の紙幣と比べものにならないぐらいしっかりしているし、模様もホログラム加工も綺麗で、透かしが入っていて。偽造防止の技術も日本はトップレベルだって聞いたことがある。

「正解は二十二円」

「二十二円?! 安っ!」

思わず言葉が口をつく。あんなに巷《ちまた》で崇《あが》められているお札が二十二円でつくれるなんて……そりゃあ偽造防止にも、力を入れるはずだわ。

「公表されているわけではないので原材料からの概算だけどね。一万円札の原価はおおよそ二十二円。そのままで、それ以上の価値を生むことはない。だからちゃんと使ってあげることが大事なんだ」

「使い手次第、ってこと?」

「そう。だってお金は道具だもの。世の中には『生き金』と『死に金』があってね、貯めるだけで手をつけずに寝かせておくだけのお金は『死に金』だ」

「死に金」って嫌な響きだな、と思った。使う側によってお金が百八十度性質を変えてしまうという重要事項に気づいている人は、一体どれだけいるのだろう。

「経済を循環させるということ、自分自身にもお金や豊かさを巡らせるために初めにすべきことは、『お金を使うこと』。ギブアンドテイクの理論とも似ているかな。まずは自分から放つ必要がある。

自分のところだけで留《とど》めようだなんて、そんなのは貧乏人の考え方だね。ひとりで貯め込もうとすればするほど、お金の魅力は失われていってしまう。もちろん自分自身の魅力もね。自分も自分の周りも『奪う人』ばかりになっていく。それは分かち合いとも循環ともかけ離れた世界だ。いつまでも交わることなく、その先は全員で共倒れの未来しか広がらない。そんな世界で生きたくはないよね」

「世界って本当に、わかりやすく真っ二つに分かれてるんだ……」

「そうだ、あすかちゃん。『天国と地獄の箸《はし》』の話は知ってるかい？」

「なぁに？　それ」

お会計を待っている間、「今日のお土産に」と、えびすさまはひとつ小咄《こばなし》を教えてくれた。

「地獄と天国の違いは何か？」

好奇心から見学に行ったひとりの青年がいた。

まずは、と「地獄」を覗いてみたところ、住人は皆、ガリガリの痩せっぽち。

「さぞかし質素な食事なのだろう」と思ったのも束の間、食卓に目を向けると、それはそれは豪華な食事の数々が並んでいて。

こんなご馳走があって、どうして皆痩せ細っているのか？

注意深く見てみると、住人が手にしているのは2メートルはありそうな長い箸。腕より長い箸を口に運べるはずもなく、どれだけ四苦八苦したところで食べることは到底叶わない。

「豪華な食事も、ただ眺めるだけでは何の意味もないのだな」と物哀しい気持ちで、青年は地獄を後にした。

続いて降り立ったのは「天国」。住人は皆艶やかで福々と、見るからに健康そうだった。

食事が違うのか？　食卓に目を向けると、そこにあるのは地獄と同様、豪華な食事に長い箸。ただ、食べ方は大きく異なっていた。

天国では、自分だけで独占しようという住人はひとりもいない。それぞれが向かいの席と交互に食べさせ合っていた。そうして互いに協力することにより、皆がおなかいっぱい、豪華な食事を口にできていたのだ。

「状況は同じなのに、独り占めしようとするか、分かち合おうとするか。それだけで世界はこんなにも変わるものなのか」

青年は大いに感心して、見学を終えたそうな。

今までぼんやりとしていた奪い合い、分かち合い、というふたつの世界の構図がなんとなくわかってきたような気がした。

「自分さえ良ければいい、という思考は、豊かに生きるには邪魔なだけだね。独り占めをしないことが、金持ちになる近道だよ」

「では、参ろうね」とニコッと微笑み、立ち上がる。いつの間にか貸切になっていたみたい。

先ほどお隣《となり》だったマダムは契約したのかな。えびすさまの話、聞かせたかったな、なんて。

私たちはマスターに美味しいコーヒーのお礼を言い、喫茶店を後にした。

今回の学び

・貯金も保険も最低限で良い
・生き金にするも死に金にするも、全ては自分次第
・奪い合いの世界から出るには、独り占めをしないこと

09　綺麗なお金と汚いお金

「あすかちゃん、これ、持ってみて」

あるとき、えびすさまは私に紙袋を手渡してきた。中身は一千万円ぐらい。以前ならえびすさまの持っている紙袋に触れる、というか近づくことすら怖かったけれど（多くの場合は億単位のお金が入っているし）、あまりによく目にしているせいか、いつの間にかその袋自体に抵抗はなくなっていた。

靴紐でも結ぶのかな、と思ったら、彼は私のほうを向いてニコニコしたまま。そして次の瞬間、予想だにしない発言をした。

「それ、あげようか？」

「え？」

ちょっと意味がわからない。なんだろう。この外側の袋のこと？

「いや、大丈夫です。今日別に大きな荷物ないし、中身出すほうが大変だし」

「違うよ、お金も。お金ごとあげようか？って言ってるの」

……え？　心臓が止まるかと思った。だって今手元にあるのは「一千万円」。上だけが本物のお札とか？　いや、それでも十万円って、私のアルバイト代の一ヶ月分以上の大金だけども。これはドッキリ？　からかわれているだけ？　それとも抜き打ちテスト？　これで間違えたら、もう二度と会ってくれないとか？

たくさんの選択肢が浮かんでは消え、頭がぐるぐるした。それでも道端でいつまでもボーッと突っ立っているわけにもいかず、なんとか意思表示はしなきゃ、と、やっとの思いで脳から指令を出して腕を伸ばし、袋をえびすさまに、そのままお返しした。

「いただけません」

「どうして？」

えびすさまはキョトンとした顔で聞いてくる。えびすさまには小金だからかな。だとしたら、それも切ない。これって一体なんの罰ゲームなんだろう。

「だってもらう道理がないし……。えびすさまにとってははした金かもしれないけど、私にとってはかつて手にしたことがないぐらいに大きなお金だよ？」

「そんなのわかってるさ」

えびすさまは優しく微笑む。

じゃあどうして？　混乱しきった様子の私を見て彼は、ちょっと座ろうか、と十メートルほど先にある木陰のベンチを指差した。

確かに、このままいたら倒れそう。自動販売機で大好きなロイヤルミルクティーを買ってもらった私は、えびすさまの隣に腰を下ろし、甘い液体をゆっくりと口に含む。やっと、鼓動が治まってきたみたい。

「さて、少しは落ち着いたかな？」

「はい……。ありがとうございます。でもびっくりした……。どうして？　なんでさっきあんなこと言ったの？」

「あすかちゃんにとってのお金の『設定』を見てみたかったんだよ」

「でもあそこまでびっくりするなんてなぁ、ごめんごめん」と目の前で無邪気に笑うえびすさま。

「もういいです、それは。良かった。壮大なドッキリか何かのテストなんじゃないかと思っちゃった。あと、実はえびすさまがものすごく悪人で、私はこれから犯罪の片棒を担がされるんじゃないかとか、ずっと騙されてきていたんじゃないかとか。あ……ごめんなさい」

勢い余って少し言いすぎたかな。そっと顔を伺うと、相変わらずのえびすスマイル。どうやら大丈夫みたい。私は安心して言葉を続ける。

「それよりえびすさま、その見たかった、って言った私のお金の『設定』ってどんなもの?」

「設定っていうのはね、まぁ言うなれば『意味づけ』のようなものだ」

「意味づけ?」

「うん。人間はとてもわがままでね、『お金が欲しい』『お金持ちになりたい』と言いながら、勝手にお金を振り分ける人がとても多い。これ、心理学ではラベリングと呼ばれるものなんだがね。このお金は良いお金、このお金は悪いお金。こういうお金は受け取りたい、こういうお金は受け取りたくない。例えばあすかちゃん、さっき僕があげようとしたお金を返してきただろう？　でも、仮にそれがもし宝くじで当たったものだとしたら、たぶん何の抵抗もなく受け取っていたんだよね」

確かにそうだ。もしあれが宝くじだったら、私は三億円だって躊躇なく受け取っていただろう。自分で当てた場合もそうだし、えびすさまからのお裾分けだったとしても、きっと。

「このラベリングっていうのはお金を自分から選り好みする行為なんだけど、この線引きには全く意味がない。お金に色はないからね。お金そのものに綺麗、汚い、良い、悪いというのは一切存在しないんだ。全ては個々人がつくり出した偶像。単なる思い込みにすぎない」

例えば、と彼は例を出していく。

・汗水垂らして働いて手に入れたお金＝受け取れる
・宝くじで手に入れたお金＝受け取れる
・詐欺で手にしたお金をあげるよ＝受け取れない

詐欺は少々大げさだけどね、と付け足しながら、でもどんな手段で得ようとも、それが自分の元に巡ってきたならさっと受け取れる、それが「フラット」な状態なのだそう。

「人はすぐに、お金の出自に目を向けたがる。

・そんなお金は受け取れない
・借りてまで受け取りたくない
・嫌なことをしてまで受け取りたくない
・残業してまで受け取りたくない

でも、自分に置き換えてみたらどうだろうか。せっかく目の前にいるのに『あなたはいらないよ』なんて言われたら？　そう言われたら『なぜ？』って、寂しい、悲しい気持ちにならないかい？」

確かに、目の前でいらないって言われたらへこむかも。

「こういった線引きをすればするほど、豊かさはどんどん遠ざかっていく。自分からわざわざ『このお金は嫌』『この豊かさはいらない』って熨斗《のし》をつけて返してしまっているんだからね。

そんなことを繰り返していては、次第にどんな性質のお金であっても、自分のところへは近寄ってこなくなってしまう」

お金は寂しがり屋だ、と、以前えびすさまから聞いた性質を思い出す。寂しがり屋な上に、結構拗ねやすいのかも……？　私みたいだな、と、ちょっとだけお金に親近感を覚えた。

「当たり前のことだが、お金はあくまでも『お金』だ。勝手に意味づけをして、受け取りを拒否しているのは自分。それで、『もっとお金があったらなぁ……』なんて願うのは矛盾しているね。金持ちになるのであれば、まずは全方位のお金を受け取れる自分になる必要がある。その上で取捨選択できるようになるのが大事。最初から選り好みをしていては本来受け取るべきものまで取りこぼしてしまうから、順番を逆にするのは、くれぐれもご法度でお願いね」

全方位のお金を受け取れる自分、かぁ。私は今、どんなお金は受け取れて、どんなお金は受け取れないんだろう。

考え始めた私を見て、洗い出してみようか、とえびすさまが提案してくる。

「今、心がざわつくお金の受け取り方はある？　あの人ばっかりずるい！って思うような受け取り方でも良い。何か思いつくかな？」

「うーん、犯罪系は嫌でしょ？　そういうのを抜かすと、努力しないでもお金が入っているように見える人かなぁ。由緒正しいお家柄の子が月に何百万円もお小遣いをもらっているのは、正直ずるいなぁって思っちゃう。アルバイトしなくてもたんまりお金が手に入っている子とか、いっつもみんなにごちそうしてもらっている美人な先輩、可愛いワンちゃんを連れて港区あたりを闊歩している専業主婦の人、あと、知り合いじゃないけどポッと出でたまたまうまくいった芸人さんとか、有名人と結婚した一般女性、って類もそうかも」

羅列しているうちに、自分の心の狭さが浮き彫りになる。私は段々恥ずかしくなってきた。羨ましい、が根本にあるのなんてわかってる。ずるい。なんであの人ばっかり……。比較しても無意味だって気が付いているのに、それでもつい比較してしまう。惨めで思わず涙が出てきそう。

そんな私の様子を見つめながら、えびすさまはゆっくりと話し始めた。

「良いんだよ。人はね、自分が持っていないものを持っている人を見ると、どうしても比較してしまうし、嫉妬も生まれる。

・男性に貢いでもらっている人は嫌い
・親からお金をもらっている人は嫌い
・こういうお金の稼ぎ方をする人は嫌い

こんな風に、受け取り方を通して他人のことを否定批判する人は、そもそも自分にそれを許していないんだ。あすかちゃんも自覚があるように、本当は自分もそうしてみたいと思っている。これは自分で認めていない場合も含めてね。打開策としては、一度、そういったフィルターを全て取り払ってみること。そうすると、どうしたらそれぞれのお金の受け取り方ができるのかが見えてくる。よく、お金を稼ぐのは才能だと言う人もいるが、私はそうは思わない。お金を稼ぐのは才能ではなく『能力《スキル》』だ。最初から備わっている天性のものなど何ら必要ない。練習を重ねれば、コツを掴めば、誰にだってできることなんだよ。そう、あすかちゃんにだって、もちろん」

それぞれのお金の受け取り方、ね。お金を稼ぐのが能力《スキル》だとすると、確かに様々なパターンを知っておいたほうが、対応できる幅が広くなるのは間違いなさそう。

「お金を稼げる人はね、お金を受け取るのが上手な人だ。お金が巡ってきた瞬間を逃さない。お金が巡ってきやすいような仕組みづくりまでもできてしまう。自分にお金が巡ってこない状況を想定することはなく、お金があるのが当たり前と心から信じ切っている。だからどんどんお金が入ってくるんだ」

お金が当たり前に入ってくると信じてやまなければ、お金は自然と巡ってくる。自分からいらないって言わない。ジャッジをしないって、人付き合いだけじゃなく、お金との付き合いでも大事みたい。

「表面的な良い、悪いで判断するのはやめにしよう。お金の稼ぎ方、受け取り方に良いも悪いもない。百万円、一千万円、一億円、十億円、百億円。お金は交換券だから、あくまでも『その額』と『何か』を交換するためにある。

何かとはモノやサービス、体験……突き詰めれば『感情』だ。

したがって、お金を稼ぐことが上手な人は、人としての成長も非常に早い。同じ時間を生きていても、経験値が段違いだからね。本来、お金に綺麗も汚いもない。勝手に意味づけをしているのは人間側。ここらで一旦ジャッジをやめて、『お金そのもの』を見てみるといい。その上で、自分好みのお金の稼ぎ方、受け取り方を磨いていくんだ。
確かに、お金を綺麗に稼ぎ、綺麗に使える人は結果としてお金に愛される。ただ、その境地に達するためには前提として、お金に対してフラットな見方や捉え方ができるようになっていることが必須なんだよ」

「お金そのもの」をフラットに見る、という視点は今までに持ち合わせたことがなかった。お金に対する苦手意識はないほうだと思ってきたけれど、それでも潜在的な先入観は、どうやら人並みにあったみたい。意味づけが個々人の価値観や趣味嗜好によって違ってくるのなら、お金と向き合っていくということはすなわち、自分ととことん向き合う作業になる。

……これは、生涯をかけた長い旅路になりそう。

自分の弱さやずるさ、醜い感情を直視するところからと考えると、それは途方もない道のりのように感じた。やっぱり一朝一夕でお金持ちに、なんて、なれっこないのよね。

今回の学び

・お金に勝手な意味づけをしない
・心がざわつくお金の稼ぎ方、受け取り方は、自分がそうしたいと思っているもの
・お金を綺麗に受け取れるようになるには、まずお金自体をフラットに見ること

10　オンナは稼ぐほど愛される

「あーあ、いるのよねぇ〜、こういう人！　あなた、本心では男性よりも稼ぎたくない！って思っているでしょう？」

　唐突にガツンと言われ、私は目を白黒させる。胸元がガッツリあいたラップドレスにピンヒール。艶やかな巻き髪をファサッとかきあげ、瞬きもせずに大きな瞳でじっと見つめてくる。すっと綺麗に引かれた眉毛に長いまつげ、真っ赤なルージュ。美しさに見とれたのも束の間、私はほぼ尋問のような形で彼女と向き合うことになった。

　この人怖い。占い師か何か？　私は救いを求めるように隣に座るえびすさまを覗き込んだ。えびすさまは慣れた様子でどうどう、と彼女を宥《なだ》める。

「まぁまぁ、お手柔らかに。君だって二十歳の頃は、今ほど強くなかったろう？」

「そうかしら？　私は最初から、周りの男性よりも自分が秀でていると思ってきたし、経済面であれ恋愛面であれ、勝てる気しかしていなかったけど？」

あなた、と強い口調で再び私に向き合う。

「稼いだら男性に嫌われるんじゃないか。稼いでいるオンナなんて可愛くないんじゃないか。お金の話がわかるオンナなんて鬱陶しいだけじゃないか、って怯えている顔をしてるわよ？　稼ぐ前からそんな妄想をしてお金を得ることを躊躇する女って本当に多いけど、そんなんじゃ稼げるはずがないじゃない！　稼がない自分、稼げない自分への、ただの言い訳よね。同じ女性として恥ずかしいったらもう。そんな思考の枠の中で生きていたら、いつまで経ってもお金持ちになんてなれないに決まってるわ。あーあ、おじさまが面白い子がいるっていうからどんなもんかと思ってわざわざ時間あけたのに。なんてことない、ただの小娘ね」

そう、彼女はえびすさまの姪っ子、不二子さん。普段はアメリカに住んでいて、たまたま用事で一週間、日本に帰国しているのだそう。ヘッジファンドというところに勤めていて、ものすごい額のお給料をもらっているらしい。ちなみに旦那さまも、金融関係の大富豪だとか。

えびすさまは「まぁそう言わずに」となんとか取りなしてくれる。大好物だというイチゴたっぷりのパフェが運ばれてきて、そのまま無言で半分ほど食べたところで不二子さんは少し落ち着き、ようやく話をしてくれるモードになったようだった。ふぅ、とひと息つき、彼女は話し始める。

「私はね、稼げる自分を誇りに思ってる。『女性は稼いじゃいけない』なんて、人生で一度も思ったことはないわ。だって稼げたほうが、できることが増えるもの。自分も、自分の大切な人も守れるしね。

今はたまたま激務の職場にいるけど、私にはもう、今までのサラリーと運用で、一生豪遊できるぐらいのお金はあるのよ。だからストレスフリーに楽しくやってるわ。何？　何か質問ある？」

「えっと……お金を稼げたのは、やっぱり優秀だったからですか？　それと、軌道に乗るまでは夜中まで残業したり嫌な仕事を引き受けたり無理をしたり、ってありましたか？」

若干気後れしながらも、私は恐る恐る聞いてみた。

「無理をしないと稼げない？　馬鹿ね、そんなことあるはずないでしょ？　私がそんなに堪《こら》え性あると思う？　あなた、あすかだっけ。そんなこと言ってるからいつまでも貧乏なのよ。お金を得る方法なんて無限にあるんだから、嫌なことなんてしなくて良いの。工夫次第でなんとでもなるわ」

これが日本人の悪いところなのよね〜、と不二子さんは漏らす。無理して稼ぐなんてことしてたら、無理しなくなったら稼げなくなるじゃないの、と。

「何かを得るためには何かを諦めないといけない、っていちいちトレードオフに持っていきたがる人って多いけど、私を含めて

・稼げて
・愛されて
・美しい

そんな女性は世の中にごまんといるわ。むしろ、私の周りはそんな人しかいない。良いところ取りの人生を体現している人はたくさんいる。もしそこに行きたいと願うのなら、あなたにだってその人生を歩む資格ぐらいはあるんだから、びびってないで頑張んなさい」

……ふと、不二子さんは何かを思いついたように、ぷっくらとした口元に指を当てて私に聞いてきた。

「ねぇ、玉の輿に乗りたい？」

どストレートな問いに軽く怯んだものの、

「はい……まぁ、できれば……」

と一応答える。

「いいじゃない！」

彼女は予想に反してウキウキと、今までで一番の笑顔を見せた。

「お金持ちの男性って素敵よね～、この資本主義社会において『お金を稼げる』ってそれだけで、社会のルールに上手に適応できる有能な人だっていう証明に他ならないもの。私もお金持ちってだーいすき！　た、だ、し……」

キラキラした少女のような目で楽しげに捲《まく》し立てていたかと思うと、急にトーンを落とす。不二子さんはテーブルから身を乗り出し、私を隅々まで観察したのち、ひと言告げた。

「ま、今のあなたでは、玉の輿に乗るのは無理ね」

面と向かって言われると、まぁまぁへこむ。それもとびっきりの美人に。そんなの言われなくたってわかってるけど、わざわざそんなにキッパリと言わなくてもいいじゃない。

「なんでだと思う？」

「いや、なんでっていうか、そりゃ不二子さんみたいに綺麗じゃないし、頭も良くないし、自信もないし……」

「私みたいにはなれないわよ。だってこの私は、唯一無二の女性だもの。そんなの最初からわかってることじゃない。まぁ、憧れちゃうのは仕方ないけどね」

彼女は軽く鼻で笑い、言葉を続ける。

「あなたには何があるの？って話。あなたの武器は？　若い？　可愛い？　スタイルがいい？　残念ながらそういった要因は、いずれも劣化していくものばかり。綺麗に歳を重ねることはもちろんできるけど、そうは言っても時間を止めたり戻したりすることは不可能。基本原則として、男性は歳と経済力が比例し、女性は歳と見た目レベルが反比例するものなのね」

不二子さんは真剣な目をして私を見つめた。

「外見のアドバンテージがなくなったときに勝負しやすいのは『知性』『教養』『可愛げ』『経験』、そしてそれらがもたらす『自信』といった中身の部分。これらは色褪《あ》せることはないし、どんどん魅力を増していく。しかも、早くから身につけるほど恋愛や婚活市場で圧倒的に優位になれる優れものよ。中身が空っぽのまま、単に歳を取るだけの女にはなりたくないでしょう？」

あまりに直接的な物言いにたじろぎつつも、私は「はい」と頷く。

「じゃあ、そういった知性や教養を、どのようにして身につければいいのか。日本の男性や日本との橋渡しをするようなビジネスをしている人をターゲットにするのであれば、昔のようにお茶やお華、着付けなんかを嗜《たしな》むのもアピール材料としてはいいわね。でもそのあたりって、まぁ私もひと通り知っているけど、付け焼き刃のきかない世界なの。

手っ取り早く効率良く、っていうのを重視するのであれば『投資』や『ビジネス』といったジャンルが断然おすすめね。お金や経済の話って多くの女性が敬遠するジャンルだから、ほんの少しかじるだけでも他の女性陣とはだいぶ差をつけることができるわよ」

確かに、えびすさまたちと最初に仲良くなったのも、私がお金や投資に興味がある、というところからだった。そんな二十歳は珍しかったようで、思いがけず会話が弾んだのだ。

「お金持ちで投資をしていない人はいないわ。それが金融投資であれ、事業投資であれ、不動産投資であれ。お金持ちは必ず、何かしらの投資をしている。そもそもお金に働いてもらわないとお金持ちにはなれないんだから、当然よね」

お金持ちで投資をしていない人はいない。じゃあ、投資をしていればお金持ちと出会える可能性も高い？

不二子さんはそんな私の心を見透かすように、世界のリアルを解説してくれた。

「この世界はね、いくつかのレイヤーに分かれているの。これは人間としての優劣とは一切関係なくて、単純に、資産別のいくつかの層に分類されているってことね。そして人は、同じような資産状況同士で活動圏を形成する傾向にある。『類は友を呼ぶ』っていう現象そのままよ。お金を含む自分自身のステージが上がると、周りにいる人もガラリと変わってくるものなの」

「自分の身近な人、五人の平均年収が自分の年収になる」というフレーズを思い出す。人間関係は都度変化していくし、事実、公立の中学校にいたときと今とでは、社会に出てからの周りの年収は結構変わってきそうな気がした。

「ねぇ、都内に住む男性で結婚対象の人って何パーセントぐらいいると思う？」

「えっと……二十パーセントぐらいですか？」

「ハズレ。どこからを結婚対象とするかによるけど、まぁひとつ興味深い統計としては、独身、三十五歳以下、年収六百万円以上、都内在住の男性の割合は全体の三・五パーセントと言われているってことは覚えておくと便利よね。私の周りの独身男性は全員がこの収入面を満たしているけど、まぁ良いわ。いるところにはいる、いないところにはいない。それだけの話。

世の中の女性が条件に見合った人となかなか出会えないのはね、ただメインとするフィール

ド が違うだけなの。一人も該当する人がいない場所でいつまで根気強く探したところで、お相手が見つかるはずもないわよね。

二十歳なら、もしかしたら結婚相手を探すのは少し先になるかもしれないけど、あなたがもし本気でお金持ちと出会いたいのなら、まずは自分のレベルを上げるところからスタートしたら良いわ。当然、このレベル上げは決してキャピッとした勘違い満載の『女磨き♡』なんかじゃなく、しっかりと地に足のついたものであること。言うなれば『人間力』の底上げね」

口調は辛辣《しんらつ》だけど、不思議と不二子さんの言葉はすっと入ってきた。それは彼女の人生に丸ごと裏打ちされた自信から来るものなのかもしれない。

「いい？　良く聞いて。女が稼ぐってことは、自分自身が豊かになるのはもちろん、玉の輿に乗れる確率も飛躍的に上がるの。だって自然と、周り中の男性がお金持ちになるんだからね。自分が豊かになることで精神的にも自由になり、余裕が生まれるからさらに素敵な男性ばかりが集まってくるようになる。どう？　良いことだらけだと思わない？」

経済的に自立したら、男性に頼らずに生きられて、さらに頼り甲斐のある男性にもたくさん恵まれる。頼ってもいいし頼らなくてもいい、ってそれは、すごく居心地が良さそう。

「男性に一方的に『選んでもらう』時代は終わったの。これからは女性も『選ぶ』時代。そのために今あなたがすべきことは、ちゃんとひとりで生きていけるだけの経済力を、自ら身につけること。それが最適解なのよ」

そう言ってのける不二子さんはとても力強く、清々しかった。きっと彼女が経済的自立を最前線で体現してきたからこそ、言葉の端々に抗えない説得力が宿っていたのだと思う。「自立した女性」、それはこの日に増えた、私の新しいキーワード。

今回の学び

・稼げて愛されて美しい、そんな女性はたくさんいる
・世の中は資産状況別に、いくつかのレイヤーに分かれている
・玉の輿に乗りたかったら、まずは自らが経済的に自立すること

第2章

20歳の女子大生が「投資」を選んだ理由

11　いくらお金を稼いでも、時間がなければ意味がない

大学生は「人生最後のモラトリアム」。大学入学当初、というかもっと前から（たぶん合格が決まったぐらいから）、周りの「大人たち」が口々に言ってきたこと。社会に出る前のご褒美？「せいぜい楽しみなさい」と小馬鹿にしたようなニュアンスは、そんなに好きではなかった。

確かに一番身近な仕事人である父は昼夜を問わず働いていたし、知っている大人の中で、労働をせずに収入を得ている人は誰もいない。でも、人生最後だなんて、そんなの勝手に決められたくない。大人になるのが「自由を奪われること」だとは思いたくなかった。いつだって今が一番楽しい、そんな人生を送りたい。あの頃は楽しかったなぁ、なんて過去に浸りながら愚痴をこぼすようなダサい大人になるなんて到底願い下げ。

時間があってもお金がないのが学生、お金があっても時間がないのが社会人。

よく言われるし、周りの大人たちを見てもそういった生き方をしている人ばかりだったけれ

ど、私はどうにかしてこの常識を覆《くつがえ》したかった。

収入 = 労働時間 × 労働時給

以外の世界に行きたい。きっと別の生き方がある。気づいていないだけで、絶対に抜け道があるはず。

猶予は四年間。大学在学中に見つからなければ、私はこのまま約束された人生を送ることになるのだろう。それでも「そこそこ幸せな人生」にはなる。思考停止した状態で、ただレールに乗っていさえすればいい。そうしたら、ベルトコンベアーのように、自動で「そこそこの未来」へと運ばれていく。私の意思なんて介在させなくても、それなりの結果は手に入る。……でも、本当に、それでいいの？

もし、時間とお金を同時に手に入れる方法を見つけることが本当にできるのなら、人生がもっと面白くなるだろうということは容易に想像がついた。

「外に出よう」

知り合いの中に該当者がいないのであれば、他に探しに行けばいい。私は「ロールモデルとなるであろう人」を探すことにした。七十億人もいるんだから、世界中のどこかには存在するでしょう、たぶん。刺激もなく、退屈で飽き飽きとした日常。幸い、時間はたっぷりある。

モラトリアム中に「モラトリアムを継続させる方法」を見つけること。これが私の大学生活の裏テーマ。何を夢みたいなこと言ってるの、って呆れられそうだったから、誰にも言わなかったけどね。

そうして私は、行ったことのないところや会ったことのない人の元へ、積極的に出かけるようになった。

自分から世界を広げに行ったら、待っていたのは予想だにしないたくさんの出会い。

その中でもひと際衝撃的だったのは、大学近くにある駄菓子屋さんのおばあちゃんだった。そこは授業をサボってお散歩していたとき、たまたま見つけたお店。なんとなくおばあちゃんのあったかい雰囲気が好きで定期的に通うようになったものの、古びた店構えに、商品棚はいつもパンパン。人だって明らかに入っていないのに（店内で私以外のお客さんを見たことがない）、駅前すぐの良い立地にあり、なぜかもう何十年もずっと続いている。いつも軒先の丸椅子にちょこんと座り、他に仕事をしている様子もない。一体どうやって生活しているんだろう？　過去に莫大な遺産を手にしたとか？

昔から疑問をそのままにできないタイプの私は、直接おばあちゃんに聞いてみることにした。

「ねぇねぇおばあちゃん、この駄菓子屋さんって儲かってるの？」

おばあちゃんはいつものようににこにこ目を細めながら、

「どうかねぇ〜。儲かってると良いけどねぇ〜。でも、ここで誰かお客さんを見たことあるかい？」

と笑顔のまま聞き返してきた。いや、ない。ただの一度も。会社や学校の受注等、こっそり何かの売上があるのかと一瞬思ってみての質問だったけれど、どうやらそんなことはなさそうだった。

「じゃあ……おばあちゃんってどうやって生きてるの？」

私にだってかろうじて、年金の知識ぐらいはある。おばあちゃんはきちんと納めた額以上を給付されるプラス世代であるとはいえ、それだけでこのお店を開け続けるのに足りる額ではないはずだもの。

おばあちゃんは歌うように軽やかな声で私にこう言った。

「おうちがね～、毎月毎月、私にお金を運んできてくれるんだよ～。ありがたい話だねぇ」

予想外の答えにびっくり。そう、何を隠そうおばあちゃんは、この一帯を仕切る大地主だったのだ。戦後に買った土地にアパートやマンションを建て、それを元に着実に運用して数十年。月の収入は何もしなくても一千万円を下らないそう。

こんなに何もせずに稼いでいる人がこの世に存在するんだ……！

しかも、全然お金持ちそうにも見えないのに！

それは私にとって、天変地異とも言える衝撃だった。

「そーんなにびっくりすることかいねぇ?」

目をまん丸にして、口をポカンと開け。そのときの私はあまりにも間抜けな表情をしていたのだろう。おばあちゃんは身体を揺すり、可笑《おか》しそうにケラケラと笑いながら、

「あすかちゃん? 世の中っていうのはねぇ、二種類の人間に分類されるのね。持つ者と持たざる者。働かなきゃいけないのは持たざる者、の人たちね。資産さえ持っていれば働く必要なんてなーんにもないのよ。だってその資産が、勝手にお金を連れてきてくれるんだから。人生はひたすら、好きなことだけしてたらいいの。働かないとお金が得られない、だなんて、お国がつくった幻想よ~」

幻想。……そんな幻想を、今まで私は信じていたの? 鬱になったり過労死をしたりしてしまう人たちは、本当はそんな辛い思いをしなくてもいいってこと?

「なんで多くの人はそういう稼ぎ方ができないの？」

「知らないから、だろうねぇ。あすかちゃんみたいな感じよ。例えば地主、不動産業が儲かるという知識が頭の隅っこにあっても、自分がそれでお金を得るのは不可能だって端《はな》から決めつけてしまってる。できないと思っているから、そこからわざわざやる方法なんて、考えることもないよねぇ」

少し落胆したような、なんとも言えない表情で「もったいないことだけど」と付け足すおばあちゃま。

「んー、でも私も自分がそうできる！っては正直思えないかなぁ。おばあちゃんはタイミングが良かったからそう言えるんじゃない？　しばらく戦争はなさそうだし、そんな千載一遇のチャンスなんて、私が生きてる間にあるかなぁ？」

そりゃあね、その適切なタイミングできちんとベットできたのは、おばあちゃんの手腕だと思うけど。

「稼ぎ方は時代によって変わるからねぇ。これから人口が減る日本だったらあえて不動産を選ばなくてもいいだろうし、私も今からだったら別のことをするかもしれないねぇ。ただ、ひとつ言えるのは、モノが変わったとしても『働かずにお金を得る方法』自体はいつの時代も存在するってことかしらね～」

不動産じゃなくてもいい。働かずにお金を得る方法はいつの時代も存在する。これは良いヒントになる気がした。

「お金よりも大切なのは『時間』よ。ただでさえ人生は短いのに、大して好きでもないことや嫌いなことまで手を出しちゃったら、好きなこと、大切なことに全然時間を割けないでしょう？だから私、なるべく自分以外でもできることは全部お任せするようにしているの。管理や集金業務も他の人にお願いしてね。欲しいだけのお金が自動で入ってくるような仕組みがあればいいだけで、お金を得るまでの細かな過程や作業には、そんなに興味がないのよね～」

今は、月に数回遊びに来る息子さんとお孫さんの相手をするのがとびっきり楽しいのだと言う。息子にもし不動産収入がなかったらこんなに頻繁に会いには来られなかっただろうねぇ、もし「商売のために」この駄菓子屋さんをしていたなら、お店があるから、売上をあげないといけないから、って満足には相手ができなかっただろうねぇ、と、おばあちゃんは愛おしそうに口にする。
「お金を得る方法はたくさんあるわ。でも満足いくだけのお金を得たとして、それを使う時間がなかったら？　何のために稼いでいるのか、ってなるわよね。時間は命そのもの。あんまり粗末に扱わないようにね～」

帰り道。夕陽に照らされたアスファルトの道をぼんやりと見つめながら、私はおばあちゃんと話した内容を思い返していた。

・稼ぎ方は無限にある
・働かなくてもお金は稼げる

これらを今、この時点で知ることができたのは、私にとって大きな収穫だった。時間持ちのおばあちゃんと、暫定時間持ちの私。違いはお金持ちかどうか。たったそれだけ、でも、ものすごく大きな差。私は時間の自由を手にしていたわけではなく、単に時間を無駄にしていただけなのかもしれない。今まではお金さえ稼いだらいいと思っていたけれど、どうやら私の求めている理想のライフスタイルは、その「先」にあったみたい。まさか、何もせずにお金を得ている人がこんなに近くにいるなんて。おばあちゃんの楽しみはそこまでお金がなくても叶うことのように思えたけれど、きっと「お金がある」という抜群の安心感が、彼女をより穏やかに、幸せにしているのだろうと感じた。

やりたいことを叶えるためには、お金以外に時間をきちんと確保する必要がある。鍵となるのは、恐らく仕組みづくり。単にお金を手に入れることだけを目標にすれば、世の中にはそれなりに多くの稼ぎ方があるのだろうけれど、お金と時間を同時に手に入れる稼ぎ方という視点で考えると、だいぶ狭《せば》まってくるのではないかと感じた。

満足いくお金に加えて自由に使える時間をも手にするには、自分が第一線で稼働し続ける状態ではいけない。働かなくてもお金が自動、あるいはほぼ自動で入ってくるような導線が必要なのだと気づいた私は、ここから「いかに自分の時間を使わず、いかに大きく稼ぐか」という方向で、稼ぎ方を模索していくようになる。

今回の学び

・稼ぎ方は無限にある
・働かなくてもお金は稼げる
・時間を粗末にしてはいけない

12 数字嫌い、計算は苦手。投資で勝つにはどうしたらいい？

仕組みづくり。「いかに自分の時間を使わず、いかに大きく稼ぐか」。例えばどんな稼ぎ方だったらこれが叶うのだろう?と考え抜いた結果、起業か投資かな、というところまでは絞られた。

特にどちらがいい、というこだわりはない。そうね、起業して会社を大きくして、ゆくゆくは社員さんに全てを任せて……といった選択肢を取るなら、実現までに最低でも十年はかかりそう。十年という期間は、私からすると少し、時間がかかりすぎだと感じた。それは、今までに生きてきた人生の半分を費やすということだから。

情熱も自己顕示欲もそれほどなく、飽き性な私には、起業よりも投資のほうが向いているような気がした。投資だったら経営と違って誰かを雇うわけではないから、仮に途中でやめたくなったとしても他人に迷惑はかからないし。よし、消去法で投資に決定。とりあえず、始めてみよう。

元来、決めたらすぐに動かないとムズムズしてしまう性分。早速情報収集を始めたものの……いきなり最初の壁にぶち当たる。まず、用語がちんぷんかんぷん。聞いたことのない単語ばかりで、もはや日本語と認識できない。これは論語か漢文か何か？　それに、種類がありすぎる。何を選んだら良いかも、仕組みもわからない。そして極めつけは、私自身が大の数字嫌いだったこと！　どうしよう。盲点だった。こんな私でも投資で勝つ方法ってあるのかな？

……私はとりあえず、投資の大先輩であるえびすさまに相談することにした。

「えびすさまって、元々数字得意だった？」

「そうだね、あんまり意識したことはなかったけど、経営者の家系でもあったし幼い頃から数字には親しんでいたかな。どうして？」

「やっぱりそうなんだ～……。私ね、投資を始めようと思ったんだけど、もしかしたらものすごく向いていないかもしれないの。数字嫌いだし、計算も苦手だし。こんな私でも投資ってできるものかな？」

「できるに決まってるじゃないか。やる気になったんだろう？」

えびすさまはいつも通り満面の笑みで、優しく促《うなが》してくれる。

「それで？　何の投資をしようと思っているの？」

「えっとね、それが相談したいことなんだけど……今、それすらわからないの。投資って私、すっかりひと括りにしてしまっていたのだけれど、ちょっと調べてみたらたくさん種類があって、もうそれだけでお手上げって感じ。えびすさまから見て、私に向いている投資って何かありますか？」

「うーん……、どこを目指すかによるかな。でもあすかちゃんは飽き性だから、結果が出るまでに時間のかかるものはきっと向いていないよね。今のうちから始めておけば、合わなかったとしても簡単に軌道修正ができるし、何より時間を味方につけられるから、基本的には何をしても大丈夫。……そうだなぁ、今すぐに始められて、結果がわかりやすいものか……。『株』か『FX』はどう？　『不動産』もじっくり育てていく選択肢としては悪くないんだけど、学生の段階ではやりづらいんだよね。学生ローンで不動産は買えないし、そもそも頭金を用意するのがきっと大変だ。最初からそんなに大きな勝負を仕掛ける必要はない。大学生でもできて結果がわかりやすいもの、少額でも良いから稼げる可能性を実感できるもの、となると、株かFXあたりが順当なところだろうね」

株かFX。どちらも聞いたことぐらいはある単語だった。でも高校卒業以来、経済にも数学にも一切接することなく過ごしてきた私が、そんな難しそうな分野でやっていけるだろうか。せめて経済学部か商学部にしておけばよかった……と受験時の自分を少し恨んだものの、過ぎてしまったことは仕方がない。やるって決めたんだから、一旦始めてみよう。

私は今思っているイメージを、そのままえびすさまに伝えてみた。

・専門用語がたくさん出てきそう
・数字が得意じゃないとできなさそう
・計算苦手なんだけど大丈夫かな
・おじさんやおじいちゃんがやるものって感じ
・小娘が生意気！なんていじめられそうでちょっと怖い

えびすさまは、あぁ、よくある話だ、とでも言いたげに笑った。

「それはイメージ先行だね。どうだろう、時間もあるし、今日は社会科見学にでも行くかい？」

「社会科見学？」

「そう。あすかちゃんのそのイメージはね、投資を知らない人がよく抱く幻想なんだ。映画やドラマの印象が強いんだろうね。どこか機械的でバーチャルな世界を想像している。でも、実際に相場を動かしているのは、生身の人間なんだよね。いくら最近はコンピューター優勢と言っても、そのシステムを組んだり動かしたりしているのはやっぱり『人』に他ならない。現場を見たらきっと、あすかちゃんも納得するんじゃないかな」

そう言って、えびすさまはパパッと一本、電話をかけた。

「どこに行くの?」

「ん?　ちょっとね。投資の会社もちょうどあるものだから、そちらにお連れしようかと」

えびすさまの車で乗りつけたのは、都内有数の一等地に佇む高層ビルだった。手慣れた様子で正面からオフィスへ入るえびすさま。私は慌てて後をついて行く。一人ひとりに広々としたデスクが与えられ、飲み物とお菓子は全て無料。ふかふかのソファーに最新のパソコン。改めて、お金があるって、すごいんだなぁ……。


時刻はちょうど十五時を回ったところ。和やかな談笑があちらこちらで聞こえる。

「あぁ、タイミングもばっちりだったね」

「タイミング?」

「そう。このオフィスでは大半が株のトレーダーをしているから、基本的に十五時より前にこういった様子になることはない」

「十五時より前は、ピリピリしてるってこと?」

「まぁ、わかりやすく表現したらそういうことになるね」

えびすさまはふと思案し、次の瞬間こちらに向き直ってこう言った。

「どうだろう、あすかちゃん。ここで少し働いてみないかい？」

突然のお誘いに驚き、思わずむせそうになる。

「え？　私が？」

「そう。僕はね、長らく金融畑にいるから投資に対してもすっかり新鮮味が消えてしまっている。基本的には何が起ころうがどんな状況を見ようが『当たり前』。でもあすかちゃんを見ていると、今だってたぶん、初めて目にすること、知らないことばかりだろう？　いっそ働いてしまったほうが、この世界への適応は早いと思うんだよね。週一日から可、拘束は八時半〜十八時半、時給千五百円。学生のアルバイトとしてはそれなりに時給が高い上に、プロの投資を間近で見られる。悪くないと思うけど、どうかな？」

「やります！　もちろん、やらせてください！」

えびすさま経由という入り方だったこともあり、特段カチッとした面接もなく、私は翌週からその投資会社で働き始めることになった。毎回のアルバイトはあっという間。フロアにいた十数人のトレーダーさんたちは全員一億円超えのプレイヤー。いずれも名だたる外資証券を渡り歩いてきた、エリート中のエリートだった。

アルバイトを通じて彼らについて知ったこと、学んだことはたくさんある。

・出社が早い（全員朝七時前には席についていた様子）
・十五時まではなるべく話しかけないほうがいい（殺気がすごかった）
・十七時退社当たり前
・残業をする人は滅多にいない
・モニターは一人あたり平均四つ（映画の世界みたい！）
・個人投資家がアクセスできる以外の情報もたくさん集まる
・社長や役員が直々にファンドへの組み入れや投資をお願いしに来る
・成績さえ上げていれば大抵のことは許される
・いかにもお金持ちっぽく見える人はそう多くない
・一億円を稼ぐ人は世の中にたくさんいる
・お金持ちは優しい

・お金の余裕があると心にも余裕が生まれる

『金融トレーダー』というと映画やドラマの中でしか見たことのない人種だったから、働く前まではすっかり怖い人たちかと思っていた。彼らと実際に接することで人柄や優しさに触れられたのは良かったし、家族を大切にしている人ばかりなのも、良い意味で想像と違った。彼らも人間なのだな、と。

私がこれから勝負する世界で、画面の向こう側にいるのは「人」。決して数字や機械と戦うわけではないということが、アルバイトを通じて段々とわかってきた。

一方で、日経新聞の隅々まで目を通し、四季報を読み、モニターと延々にらめっこ。合間に会議を重ね、個人投資家がアクセスできない特別なサイトで常に情報収集。そんな社員さんたちの様子を見ていて、この人たちには勝てっこない、と思ったのも事実。

「元々の頭脳とキャリアに加えて情報量も資金量も何もかもが違いすぎて……全然勝てる気がしない」

私がぼやくと、えびすさまは即座に訂正をした。

「あすかちゃん、そもそも彼らに『勝つ』必要なんてないんだ。プロに勝とうとしてはいけない。勝負じゃなくて共存すること。上手に活用すること。投資で資産を増やしたかったら、その圧倒的な知識、情報、資金を持ち合わせている彼らに乗っかれば良いだけだ。そういう落としどころを探すのが、お金を上手に増やすコツだよ」

今回の学び

・プロと個人投資家は違う
・知識、情報、資金量においては勝ち目がないので、その点においてプロに勝とうとしてはいけない

13　妊娠、出産、子育て中も本当に働き続けたい？

「ねぇ、えびすさま、就活ってしたほうが良いと思う？」

季節は冬になり、周りの友人たちが続々と就活に本腰を入れ始めた頃。投資の可能性に魅せられすっかり就職に興味が持てなくなった私は、えびすさまに相談してみた。大富豪に相談する内容じゃないことぐらいわかってたけれど、周りが就活一辺倒の雰囲気の中でまさか「気乗りしない」だなんて誰にも言えず……他に適任がいなかったから。

「やらないよりはやってみたほうが良いんじゃないかな。まだはっきりと『投資で生きていく』、と決めたわけではないんだろう？　選択肢は多いほうが良いし、ここまで多くの企業を見られる機会は新卒の今ぐらいしかない。社長や役員とも直接会えるし、何かとプレゼントももらえる。様々な価値観に触れることで自己分析や向き不向きの選定は一気に捗るだろうし、何よりもしかしたら、他に向いている稼ぎ方が見つかるかもしれないよ？」

えびすさまの意見はごもっともだった。確かに「新卒」というブランドは、一生のうちで今しかない。他に向いている稼ぎ方が見つかったらそれはそれで楽しい。しないほうが不自然だし、周りがするなら自分もやっておこうかな、なんて軽い気持ちで、私は就活戦線に加わることにした。

連日のOG訪問。たくさん聞いても覚えられないし、「企業の人」として出てくる先輩がそうそう本音を言ってくれるわけでもない。私は自分が気になる点のみに、質問を絞ることにした。

「結婚しても、子どもが生まれても、働き続けたいと思いますか?」

答えはまさかの、八割がイエス。でも、詳しく聞いていくにしたがって、それは必ずしも言葉通りでないということがわかってきた。

「寿退社なんてあり得ないよ~。だって怖すぎる! 万が一旦那がリストラにあったり、働けなくなったりしたらどうしたら良いかわからないもん!」

「家にいてもどうせ暇だし、共働きじゃなくなったら家事分担で揉めそうなのが嫌でね~」

「幼稚園代、夫の稼ぎだけじゃ無理だから」
「子どもを預けて出かけられないなんて、息が詰まりそう！」
「今みたいな待遇、新卒で入らなかったら絶対無理。中途で今以上に良い福利厚生のところには行けないと思う」
「仕事を辞めたら二億円ぐらい損するじゃない？　じゃあ今はしんどいけど、数年頑張ったら良いかな、というか、頑張るしかないって思うんだよね」

などなど。ほぼ全ての答えの解決策が「お金」だったから。お金があれば、リストラは心配しなくて良い。家事代行を頼めば良い。育児代を気にしなくて良い。再就職も考えなくて良いし、生涯賃金分を稼ぐ方法があれば辞める、辞めないは関係ない。

生き生きとしながら、「今の仕事にやりがいがあって、ライフワークだと思っている」「生涯現役で働き続けたい」と答えてくれた女性は、たったの一人だけだった。

私は悲しくなって、ＯＧ訪問の帰り道、そのままえびすさまの元へ駆け込んだ。

「助けて、えびすさま。心がどんどん荒《すさ》んでく。就活って、これっぽっちも楽しくない！」

どうしたの？とお茶を差し出され、私はこれまでの一週間に会った先輩たちの話をした。働きがいがあると答えた人はほとんどいなかったこと、みんな内心は不安と不満を抱えていたこと、そして、ほぼ全員のネックになっていたのは「お金」だったこと。

「あすかちゃんは、結婚・出産しても働き続けたいの？」

「うーん……そのときにならないとわかんない。続けたいかもしれないし、辞めたいかもしれない。でもそれってさ、今決めなきゃいけないこと？」

「じゃあもし面接で聞かれたら、どう答える？」

しばらくシミュレーションをしてあれこれ考え込んでみたものの、答えは出てこない。もしそんな事態になったなら、「はい。子どもが生まれても、できる限り御社のために尽くしたいと思っています」なんて、思ってもいないことを平気で言うのかしら。

「子どもが生まれてみないとわかりません」

「でも正直、辞めたくなるかもしれません」

「産休・育休をいただく場合はフルで取得したいです」

「働き続けるとしても残業なしの短時間勤務で、週三、四日ぐらいが良いと思っています」

こんな本音を伝えたなら、どんなに「良い会社」でも受からないだろう。わかってる。それが「社会に出る」ということ。

「当面結婚の予定はありません」
「まずは会社に貢献したいと思っています」
「一生こちらに骨を埋《うず》める所存です」

なんていくら言ったところで、実際にはそんなこと、蓋を開けてみないとわかるはずもない。女性はライフステージによって働き方が大きく変化する。それはおじさん面接官なんかよりも、私自身が一番わかっていること。向いている人はもちろんそのまま働き続けたら良い。でも、その働き方が負担になるぐらいであれば、いっそ辞めてしまったほうが肉体的にも精神的にも楽になる。

自分の意思でどちらの選択肢も取れるようにするためには、来《きた》るべき事態に備えて、会社以外の収入源をあらかじめ確保しておくことが、どうしても必要に思えた。

「女性って大変よね」

こないだの夏休み、軽井沢のおばさまに言われたことを思い出す。聡明でいつも明るく、仕事も家事育児もバリバリとこなす太陽のような人。

「いつからかしら、女性が社会に出ることを強要されるようになったのは。働きたくて働くから良いのよ。強要されることには何の意味もないわ。男女共同参画社会？　女性活用？　冗談じゃない。国に、政府に、社会に、世間に当たり前のように『働け』と言われるけれど、そのしわ寄せは基本的に、全て女性側に来るの。私たちは日に日に、役割が増え続けるだけ」

たまたま疲れが溜まっていたのかもしれない。いつも朗《ほが》らかな彼女の、怒りとも悲しみとも取れる表情を見たのは初めてだった。

「お金面が問題なくて、もう仕事をしなくても大丈夫だよ、って言われたらどうするの？」
「そうしたら……辞めるかもしれないわね。もっと子どもたちと一緒の時間を過ごしたいから。母が専業主婦だったから、もしかしたらまだ憧れているのかしら。子どもと離れている間に、いつの間にかできることが増えているっていうのは、やっぱり少し悔しくてね」

彼女は少し、寂しそうに微笑んだ。

「おばさま、お仕事は好き？」

「ええ、好きよ。だから、ものすごく辞めたい！というわけでもないの。続けられてありがたいって思わないといけないご時世だしね。ただ、辞めたり戻ったり、そういうのを自分で選べるような働き方だったらもっと良かったなぁって思うことはあるかな。

私はもう、随分と選択肢が狭まってしまったけど、あすかちゃんはこれからを担う子なんだから、自分にとってどんな生き方、働き方が良いのかなっていうのは、ちゃんと考えてね」

今思えば、両親以外に働き方について真剣に言及したのは、彼女が初めてだったのかもしれない。

私はえびすさまと向き合い、自分の考えを口にしてみた。

「私、たぶんだけど、家事育児と両立しながら『無理して』働くことはしたくないんだと思う」

「どうしてそう思うの？」

「仕事が好きだ！って思える気がしないの。どれだけイメージしても、生き生きと働いている未来が全然見えない。そもそも働きたいって思ったこともないみたい。もしかしたら根本的に私、『女性は結婚したら働かなくて良い』っていう考えが強いのかも……」

これはOG訪問を通じて改めて認識した、私の価値観。専業主婦が理想、というより、私の中では「結婚したら専業主婦になる」のが当たり前だったのだ。

両親を見ていてそういう結婚生活しか知らなかったからか、そこから大きくズレることに対しては、人並み以上に強烈な違和感を持っていた。

「でもね、矛盾するみたいだけど『旦那さんがいないと生きられない』っていう状況になるのは嫌なの。

旦那さんに頼りっきりの生活は、先輩も言っていた通りリスクが高すぎるし。よっぽどの資産家とでも結婚しない限り、未来永劫安心するなんてできないよね？　しかも離婚するかもしれないし、死んじゃうかもしれないし。私、昔から妄想得意なの。だからつい、色々考えちゃう」

えびすさまは楽しそうに「またひと皮むけたみたいだね」と笑った。

「シミュレーションはなるべく多種多様のパターンで。これはリスクヘッジの大原則だね。あすかちゃんの言う通り、どんなに稼げるタイプの職業であれ、収入だけで満足していては衰退していく一方だ。不労所得で満足のいく額を得られるだけの運用は、結婚する・しない、働く・

働かないは関係なく、いずれにしろ必須となる。あすかちゃんの希望を整理すると、

・働くか否かにかかわらず、自分自身で得られる収入は欲しいし必要

・無理をしてまで働きたくない

ということだよね。であれば、働くかどうかにかかわらず、会社勤め一本という選択肢はもう、あすかちゃんの中にはない。これからは『会社に依存しない稼ぎ方を極めていく』という視点で考えていくと良いかもしれないね」

就職活動の期間は私にとって、働き方、稼ぎ方のスタンスを丁寧に見直す良いきっかけとなってくれた。要《かなめ》とも言える「自己分析」は、日々お金に向き合ってきたおかげで就活に通用する程度には仕上がっていたので、エントリーシートや面接で困る場面はほとんどなかった。さらに、「会社に依存しない稼ぎ方を極めていく」ことを常に念頭に置いて臨んでいたことは、面接官には「自立している」と捉えられやすいようだった。手応え通り、受けた企業からは全て内定をもらった。

内定が出揃った頃、私はえびすさまに報告とお礼を伝えに行った。

「あすかちゃん、おめでとう。お疲れさま」

開口一番に、そう祝福の言葉をかけてくれるえびすさま。相変わらずびっくりするぐらいに何でもお見通し。

「え、なんでわかるの？　まだ何も言ってないのに」

「そんなの、表情を見ればすぐにわかるさ」

「僕を誰だと思っているの？」とでも言いたげに、彼はしたり顔で続ける。

「それに、僕とこれだけ同じ時間を共にして日々思考を磨いてきたんだから、スタート地点からして一般の学生とは明らかに違う。そもそもあすかちゃんが、うまくいかないはずがないんだよね」

えびすさまには敵わないなぁ、と、思わず苦笑する。また、初めから全部わかっていたんだね。

出会ってから、まだ一年ちょっと。人生に均《なら》せばほんのわずかな期間にもかかわらず、私はえびすさまに大きく影響と刺激を受けている。お金、そして、自分と真剣に向き合うということは、どうやら思っていたよりずっと、様々な面で役に立ってくれるようだった。続ければ続けるほど、すごいことになっていきそう。今後の人生がどんどん楽しくなっていく予感がして、きゅん、と胸が高鳴った。

「やってみて良かったでしょう?」

と、彼は微笑む。私は大きく「うん!」と頷いた。自分の生き方の方向性がよりクリアになったようで、何だかとても清々しく、晴れやかな気持ちだった。

今回の学び

・結婚、出産しても働き続けたいかどうかは人による
・お金を理由に働き続けることを選ぶ人は少なくない
・結婚、出産しても自分の収入を得る手段は必要

14 収入がひとつで不安じゃないのは「感覚」が麻痺しているから

会社だけに頼る生き方はしない。会社に依存しない稼ぎ方を極めていこう。就職活動を経てそう決めた私から見て、当時周りにいた友人たちは、とても危なっかしく思えた。

「不況だからこそ、良い会社に行こう」

これがきっと、私たち世代の基本スタンス。良い会社、潰れなさそうな会社、誰もが知っている有名企業。就活戦線はどんどん加熱していった。希望通りにメガバンクや大手生損保、五大商社に決まった友人たちは、今後の人生薔薇色しかない！というぐらいに、幸せに満ちた表情をしていた。

連日内定者同士で集まり生涯最後の青春を楽しんでいる様は楽しそうで、だけどそれは、とても刹那的な楽しみ方だと感じた。時間とお金をむやみやたらと「消費」する、粗末に扱うってこういうことかな、と、駄菓子屋のおばあちゃんが言っていたことを思い出す。確かに、至極もったいない使い方のように思えた。

「みんな、不安じゃないのかな？」

あまりにも不思議で、私はえびすさまに聞いてみる。

「あすかちゃんはどうしてそんなに危機感を持っているの？」
「だって私たち、生まれてからずっと不況だよ？　リーマンショックの傷だってようやく癒えてきたところで、でもまだまだ世界は不安定。今ここで満足いく会社に入れたってその会社をいつまで続けられるかも全くわからないし、もしかしたら会社ごと潰れるかもしれない。そんな状況で会社に自分の未来を預けられるほど、楽観的になんてなれっこないよ」
「そうだね、それが健全だ」
「みんなすごいな、って思うの。よく怖くならないな、不安じゃないのかな？って。それこそ不労所得みたいな秘密が何かきっとあるんだと思うんだけど、聞き方がわからなくって……まだ誰にも確かめたことないんだよね」

えびすさまは珍しく、少し言葉を選ぶような素振りを見せた。そして、

「それはね、単に何も考えていないだけだ」

とひと言。


「……え？　考えてないなんてことある？　だって、少し考えたら誰にだってわかるよね？」

「違うんだよ、あすかちゃん。そうじゃない。お友だちの大半は、思考が奪われた状態で生きているんだ」

「どういうこと？」

「彼らの思考を奪っているのはあの、上の世代、つまり僕たち世代にかけられ続けた呪いの言葉だ。これは申し訳ないことだけどね。すまない。

『良い大学に行って良い会社に入ったら、一生安泰だから』

これは現代の日本には全く適用されない、悪魔のフレーズだね。この言葉を盲目的に信じ込まされた結果、彼らはこの不安定な社会で戦う武器をほとんど持ち合わせていないという、なんとも危険な状況に陥っているんだ」


失われた二十年。残念ながら私は、好景気だった頃の日本を知らない。生まれてこのかた不況世代。不況に慣れている、というか、不況が当たり前の世代。でも、だからこそ危機感って抱くものではないのかな？　上の世代と違うってことぐらい、当然わかりそうなものなのに？

私の疑問が聞こえたかのように、えびすさまは言葉を続ける。

「危機感って不思議とね、『大きな変化』に直面しないと生まれないもので。生きているスタンダードが不況の状態では、何か策を講じようとする意欲すらなかなか湧かないものなんだ。今の彼らに、あすかちゃんの声はきっと届かない。未来のために行動しておけば良かった、とみんなが思うのは、自分の選択肢が『労働』しかなくなっていることに、自分自身で気が付いてからだね」

「じゃあこの先も黙って見ているしかないってこと？」

「気づくのを幾分早めてあげることはできるんじゃないかな。例えばあすかちゃんが、彼らがもがいている間に軽やかに投資で稼ぐ術《すべ》を習得していく様を見せてあげるとかね。スタートが同じだった君がこの『金持ちの世界』を体現していくことは、一番の説得力になる。勘の良い人であれば恐らく、会社に入って一年目の段階で察知するだろう。

『良い大学に行って良い会社に入ったら一生安泰』、というのは、上の世代は確かにそうだったとしても、君たちの代では単なる幻想。恩恵を受けられないことはわかりきっているからね。そこからでも十分に間に合う。気が付いた瞬間から行動したなら、その人だって、二十代のうちにはすっかり別世界にたどり着けるだろうね」

論より証拠。百聞は一見に如かず。私が言葉で彼女たちを説得することはできない。話を聞いてほしかったら、まずは投資で、結果を出すのみ。

「収入がひとつしかない状態は非常に危険だ。そのひとつが止まってしまったら生活が立ち行かなくなり、最悪の場合は死と隣り合わせの状態になる。……資産形成には『セブンポケッツ』という考え方があってね。知っているかい？」

初めて聞く言葉。私は「ううん」と首を横に振った。

「そうか、日本ではあまり馴染みがないかもしれないね。資産形成には『セブンポケッツ』という考え方がある。安心して暮らすために、七つの収入源、つまりポケットを持つこと。収入源が七つあったとしたら、たとえひとつがダメになったとしても、慌てることなく対応できるよね？

一箇所から月に三十万円を得るよりも、複数箇所から五、六万円ずつ得ているほうがリスクを分散できる。ざっくり言うとこれが、セブンポケッツの考え方だ。実利で考えたら、必要かすらも怪しい高額な保険を支払い続けるよりも、自力で収入源を増やして備えているほうが、それこそ『何かあったとき』の直接的な力や、支えになってくれる。保険は必要最低限で良い、と以前に伝えたのも、こういった考えに基づくものだね」

「その七つって、具体的にどんな稼ぎ方かは決まっているの？」

「いいや？　これはね、そこを考えるところからがスタートなんだよ。あらかじめ決められた内容のものではなくて、人によって内容は変わってくる。全く異なった、バラバラな分野でそれぞれの収入源を確保しようとする人もいるだろうし、逆に、似通った業種や自分の専門分野に特化して、その中で収入源を七つ確保するのがいい人もいるだろう。自分がゼネラリストタイプかスペシャリストタイプかにもよるから、これは好みだね。正解はない。

会社員としての給与収入だって立派な柱のひとつだし、雇われを掛け持ったってもちろんいい。投資に焦点を当てるとしても、金融投資、不動産投資、事業投資、と様々な種類があるでしょう？

後は……そうだなぁ、今はインターネットを使ったビジネスなんかも個人で簡単にできる時代だ。ネットショップ、情報発信、アフィリエイトといった稼ぎ方は取っかかりやすいという意味でも良い選択肢になるだろう。初期費用をかけたくないのであれば、自分が知っていることを誰かに教えるコンサルタント業、講師業も良いかもしれないね。

そういった数ある業種や職種の中で自分は何を選ぶか、どうやったら収入を得られるか？を導き出し、実践していくのがセブンポケッツの考え方だよ」

えびすさまがサラッと例に挙げただけでも、あっという間に七つ以上の稼ぎ方が出てきた。私が知らなかっただけで、稼ぎ方って本当に無限にあるみたい。加えて私は、ここにもえびすさまがお金持ちであるヒントを見出した。

この歳でネットビジネスにまで詳しいということは恐らく、日々様々な稼ぎ方にアンテナを張っているということ。この人は桁違いのお金持ちでありながら、なお、私よりもよっぽど真剣にお金と向き合っているんだな、と改めて痛感した。

初めて聞いた「セブンポケッツ」は、学校で習ったことのない考え方だったけれど、とてもわかりやすく、そして理に適っているように思えた。

今の時代、大企業だっていつ倒産するかわからない。明日リストラされるかもしれない。さらに、病気や怪我、家庭の事情。自己都合で会社員ができなくなる可能性だってごまんとある。そんな状況で「ひとつの会社に雇われ続ける」一択という状況は、絶望的だと言わざるを得ない。

「思考停止のまま生きるのは時代にそぐわないよね。不況に白旗を上げ、従い続ける人生には疑問を持つべきだ。僕があすかちゃんにこうして伝えていることを、これからはあすかちゃんが伝えたい人に、率先して広めていって。そうして周りの人の麻痺を、徐々に解いていってあげると良い。あすかちゃんだけじゃなく、他のみんなだって本来は、もっと豊かになれる人たちなんだからね」

春になり、私は就職した。でも、それは周りのみんなのように「その会社で働き続ける」ことを前提としたものではなく、あくまで収入源をひとつ確保した、というだけの意味合いだった。さして頭を使わずとも収入を得られる、一番簡単な手段として。

お給料の一部を投資に回し始めたことで、資産の増加スピードは徐々に加速していった。会社員という立場を「お金持ちになるために」うまく活用する。労働と投資の合わせ技は、悪くない戦法だと感じた。まずは金融資産で一億円を目標として、私はしばらく会社勤めを続けてみることにした。

今回の学び

- 楽観的な人は単に何も考えていないだけ
- 「良い大学に行って良い会社に入ったら一生安泰」というのは上の世代までの話
- 収入源は七つ持つと良い

15 「投資」＝働かずにお金が稼げる最強の稼ぎ方

「えびすさま〜、ねぇ、投資って怖いものなのかなぁ？」

「どうしたの、急に」

「今日ね、ランチタイムにたまたま同期と話してて。会話の流れでちょこっと『投資』って言葉を出しただけなのにね、みんなすごく過剰反応というか……。怖い！　危ない！　詐欺じゃない？　みたいに言われて。勧誘したわけでもないんだよ、当然。投資のこと知りもしないのに、やってもいないのに、どうしてあんなに頭ごなしに否定したのかなぁってただただ謎すぎて」

「あぁ、なんせ日本人には投資アレルギーが多いからね、無理もないさ。投資に対して『怖い』というイメージを持っている人がほとんどだ。そんな人に限って、会社や配偶者だけに頼る生活、会社の奴隷になっている自分に対して『怖い』と思わないのはとても不思議なことだけどね」


投資アレルギー、か。良くも悪くも投資のことを何も知らずにこの世界に入った私は、そもそもそういった概念を持ち合わせていなかった。

「えびすさまにとって、投資ってどんなもの？」
「うーん、働かずにお金を稼げる最強の稼ぎ方、かな。今こうしてあすかちゃんと話している間にも、僕のお金は確実に増えているんだからね。寝ていても、遊んでいても、ごはんを食べていてもお金が増える。それを実現しているのが『投資』ってわけだ」

改めて聞くと、投資って本当にすごい。最初に指示を出しておくだけで、後は勝手にお金を連れてきてくれるんだから。

「世の中の労働者は、時間を無駄遣いしている。あすかちゃんの周りにもこんな大人がいるんじゃない？

・朝から晩まで働いて、毎日ヘトヘト
・休みの日は体力を回復する充電期間。死んだように眠っている
・お金をもらっているんだから嫌なことぐらい我慢するのは当然
・あぁ、また月曜日が来てしまった
・私の人生こんなはずじゃなかったのにな
・大人ってもっと楽しいと思ってた

もし、こんな思考、状況に当てはまるとしたら、その人は日々の時間を信じられないぐらいのスピードで無駄にしている。時間は命。その命を、無駄遣いしてしまっているんだよね、可哀想なことに」

時間は命。成功者に共通する物言いだ。みんながこれほどに意識するということは、それだけ大切だってことだよね。実際、えびすさまと一緒に過ごすうちに、私の中でも以前より明らかに、時間に対するプライオリティは高くなっていた。

「労働者という属性は、ざっくり三パターンに分かれる。

①会うたびに楽しそうに仕事の話をする人
②特に目標もなく、のらりくらりと働いている人
③常に「辞めたい」と愚痴をこぼしている人

この場合、本来仕事を続けていいのは①の人だけだ。②の人はその他の収入源があっての暇つぶしであれば、まぁ良い。でも③の人は、今すぐに他の収入源を得る手段を探して取り組み、できる限り早急に仕事を辞めるべきだと言えよう」

理屈はわかる。その愚痴をこぼしている時間すらもったいないもんね。

「でも、働かないとお金が得られない、って人は?」

えびすさまは私の質問を、馬鹿馬鹿しい、と一蹴した。

「働かないとお金は得られない? 昭和ならさておき、今どきそんなことを言っていては、どのみち生き残っていけないだろう。そもそも会社で働くという行為は、誰に強制されたものでもない。自ら選んでいるものなんだよ。それを自覚していない人があまりにも多い」

誰か想定する人でもいるのか、興奮冷めやらぬ様子でため息をつき、彼は続ける。

「そういった人たちは現状、自分自身に『最も厳しい人生』を課している。ゲームで言えばスーパーハードモードを自ら選んでいる状態。たった一度の人生、何が悲しくてそんな茨の道を歩まなければいけないのだろうね。

自分をそんなに追い込まなくたって、理想の未来は手に入る。やり方さえ工夫すればお金は稼げるんだ。

やりたくもない仕事。行きたくもない飲み会。付き合いたくもない人間関係。そんなところに時間を割いていては、人生が何百年あっても足りやしない。望みをほぼ何も叶えていない状態であっという間に終わりが来てしまったら、それこそ死んでも死にきれないのにね」

そう言って私に紹介してくれたのは、とある看護師さんの言葉だった。終末医療を担当していた彼女曰く、死を間近に控えた人々が口にする後悔の中で最も多いのは、次の五つなのだそう。

一．他人が自分に期待するような生き方ではなく、もっと自分らしく生きれば良かった
二．あんなに一生懸命働かなくても良かった
三．言いたいことを我慢せず、はっきりと口に出せば良かった
四．友人関係を続けていれば良かった。もっと友だちと連絡を取れば良かった
五．もっと自分の幸せを追求すれば良かった

……ショックで思わず涙がこぼれそうになる。人が最期に思うのって、こんなことなの？

本当にこれしきのこと？　そこには予想していたような、お金、地位、名誉といった要素は、

ひとつもなかった。

全部すぐに意識できることなのに、目先にとらわれてつい後回しにしてしまう……、それが「人間」という生き物なのだろう。

「もし三年後に死ぬ、と予告されたら何をする？　今のままで悔いのない人生だった、と胸を張って言えるかね？」

私には正直、自信がなかった。即答できずにモジモジとするばかり。

「プライベートを犠牲にしてまで仕事を優先し、周りの目を気にした発言や行動を取り続け……死の間際に『本当は自分にだって、夢ややりたかったことがたくさんあったのだ』と気づく。そんな人生は悲しすぎるよね」

えびすさまは独り言のように呟く。

「僕たちはね、この世に遊びに来ているんだ。だから辛いこと、嫌なことはしなくてもいい。自分の本音に向き合おうじゃないか。自分の幸せを追求しよう。やりたいことを全部やって、そして、今日この瞬間から最期の最期まで『素晴らしい人生だった』と胸を張って言えるような人生を歩みたい。僕はこの五つの後悔を知ってから、ずっとそう思って生きているんだよ」

この世には遊びに来ている。自分の幸せを追求しよう。

「でも、そんなに自分ばっかりで生きていて良いの？　私には高尚な夢も、世界平和を心から願う清らかな心もないし……」

「高尚な夢なんてなくても構わない。自分の好きなことだけしたい。自分と、自分の関わる人が幸せでいられたらそれで良い。そんな私利私欲の塊だって十分じゃないか。

最初から『世界平和を実現する』などと掲げてお金持ちにならなくても良いんだよ。お金持ちになる動機など、なんだって良い。やりたくないことをやらずに生きるにもまた、お金は必要だから」

私には昔から、労働意欲というものがまるでなかった。誰でもできるであろう仕事に、自分が手足を動かす必要性を全く感じられなかったから。

お金持ちになる手段として投資がいいな、と思ったのは、自分自身の時間を極限まで使わずにお金を稼ぐことのできる、唯一の方法だと感じたからだ。

わざわざ自分自身が働かなくたって、

「ここでしっかり働いてね」

置き場所を決めてそうオーダーをするだけで、その命令を解除するまでお金は二十四時間三百六十五日休みなく働き続け、資産をどんどん増やしてくれる。体調不良もヒューマンエラーもなく、文句や愚痴も言わず、人間よりも遥かに使い勝手のいい働き手。

自分がもしその立場だったら、こんなに一心不乱に働き、お金を生み出し続けることはできないだろうな、と尊敬する。正に無限の可能性が広がる、最強の稼ぎ方だと思った。

「確かにお金は、人間よりもよっぽど働きものだ。ただし、お金を働かせるにあたってはひとつ、注意すべきことがある」

「注意すべきこと？」

「そう。お金は命令通り働く優れものだが、能動的に働くことができない。あくまでも受け身。こちらが指示をするまでは、積極的に動くことも、向こうから提案が来ることも一切ない。

したがって、お金を有効に働かせるには使い手側、つまり僕たちが、適切で正確な指示を出す必要がある。自分がトップとなり、有能な部下を動かし、正しいパフォーマンスを出させるんだ。無能な上司に「使われる」悲惨さは、あすかちゃんにだってわかるよね？

自分の手足となり、こちらが寝ている間も遊んでいる間もひたすら働いてくれるのだから、お金に対して感謝の気持ちを忘れてはいけない。その気持ちを伝える方法こそが、彼らに対しての『適切な指示』だ。

もっと効率良く働いてもらう方法を考え、職場環境の整備、定期的な見直しや改善。

それが、投資でお金を増やすにあたって絶対的に手を抜いてはいけない、大切な『仕事』になるんだよ」

今回の学び

・やりたいことを叶え、やりたくないことをやらずに生きるにはお金が必要
・お金は自分から動かない
・お金を増やすには、使い手側の適切な指示が必要

16 成功者が一人でもいるのなら、自分にだって絶対にできる

「あすかちゃん、投資で失敗したらどうしよう、って思ったことある？」

「んー、それはないかな。ドキドキはもちろんするけど、失敗してもそこで終わらせなければ、いつかは報われるかもしれないし」

「どうしてそう思うの？」

「負けず嫌いだから、っていうのと……あとはまぁ、えびすさまみたいに実際に稼いでいる人が身近にいるからじゃない？」


そうかぁ、と彼は呟いた。


「どうかしたの？」

「いや、昨今投資ブームなのか、色んな人に相談をされてね。それ自体は喜ばしいんだけど、彼らが決まって口にするのが『不安』なんだよ。

『投資ってなんだか難しそうで……自分にもできるでしょうか』

『全くわからない分野なので、とても不安です』

といった具合に。やる前からどうしてそんなに身構えるのかがわからないなぁ、と思ってしまってね」

えびすさまがこんな顔をするのは珍しい。でも、私には答えがわかった。

「その人たちね、たぶん、ちょっと前の私に近いと思う。私もそうだったもん。投資の世界がわからなさすぎて、ベールに包まれた状態なの。きっと投資が特別なもの、自分とは縁遠いもの、って感じているんだと思う。

私だってえびすさま、はじめは殿上人《てんじょうびと》だったもん。人って自分がやっていないことをしている人、できている人を無条件で『すごい』と思うでしょう?」

えびすさまには盲点だったようだ。ほほう、と納得したように彼は頷く。

「でも、そこで『自分とは違う』と線を引いてしまうのはいかがなものかね。やりさえすれば、自分にだってできることなのに。……それに、投資だけを特別扱いされても困るんだよねぇ。

何事も、初めから百パーセントうまくいくことなんてない。新しい挑戦であればなおさらだ。自転車に乗るとき。初めからスイスイ走れたかい？　逆上がりをするとき。初めからすんなりと回れた人がいる？　掛け算だって一から九の段まで全て空《そら》で言えるようになるまで、それなりに時間がかかっただろうに、どうして投資でだけ、完璧な結果を急ごうとするんだろうね。投資だって他のものとなんら変わらない。全部一緒なんだ。続けているうちに『できる』ようになる。はっきりと言えるのは、始めない限り、できるようになることは絶対にない、ということだけどね」

「うーん。でもそれってもしかして、えびすさまがうまくいっているから言えることなんじゃない？」

投資でうまくいく人がいる、というのはえびすさまを見てわかっていたことだけど、それでも自転車や逆上がり、九九よりは、遥かに難易度が高い気がした。続けてさえいれば誰でもできるようになる、ってほどは、さすがに甘くないんじゃないかなぁ。

えびすさまは少し目を大きくして、驚いた表情で見つめてくる。

「誰だって一緒だよ。そもそも人間にそこまでの個体差はない。一説によると、ＤＮＡの塩基配列は人間とオランウータンで約九十九パーセントが一致すると言われているね。そうであれば、人間同士の差異は残り一パーセントの中で決まっているんだ。

人間界で誰かができたことであれば、自分自身にだってできるはずだろう？

加えて、投資で成功するには身体的特徴が一切関係ないことも、攻略しやすいポイントのひとつだ。最初から有利な人などいない。いわば全員が横並びの状態からのスタートとなる。さらに言語も、学歴や出自、年齢、性別も関係ない。

『お金を稼ぐのは才能ではなく能力《スキル》』と伝えているのはこういった理由だ。今まで何をしてきたか、ではなく、これから何をしていくか、が大切になる。こんなにフェアなゲームが他にあるかい？」

お金を稼ぐのは才能ではなく能力《スキル》。これは以前からえびすさまが私に、繰り返し言ってきてくれたことだった。そしてこの論理展開だと、確かに言い訳している時間すらもったいなく感じてくる。

「決して『パイオニアになれ』などと言っているわけではないんだよ。投資で稼いでいる人など、私に限らず現代にも過去にもたくさんいる。

これから始める後発組はただ、成功者のやってきたことを真似ればいいだけだ。ルートが用意されていて、それをなぞっていくだけ。勝ちの確定している勝負をやらない理由が、僕にはわからないんだがね」

勝ちの確定している勝負、という力強い言葉に、私まで鼓舞される。

「怖いという感情は、自分にとって『未知のもの』『コントロールできないもの』に対して起こる。わからないいなら、まず知ることから始めたらいい。

正体がわかってしまえばなんてことなかった、と気づくことができる。そんなに構える必要も、警戒する必要もなかったな、と実感できれば、そこからはスムーズに行動できるようになるのにね」

怖くても、興味を持ってまず一歩、思い切って踏み出せるかどうか。ここが投資でうまくいくかどうかの分かれ目な気がした。

「僕だって、投資を続けてきて損をしたことはたくさんある。運用で飛ばしたり、詐欺で騙されたり。失敗談を集めたらそれだけで分厚い本が一冊できてしまうぐらいには、数々の経験をしてきたよ。

でもどんな目に遭っても僕には『投資をやめる』という選択肢がなかった。『他の誰か』ができたことが、僕にできないはずがないからね。

これは決して自分に自信があったとかそういう話ではなく、僕にとって投資は『できるようになって当たり前』のものだったから。

だって実際に、できている人がいるんだもの。そこまでの失敗は全て成功へと繋がる過程でしかなく、だからこそ、たとえうまくいかなかったとしても辞めずに続けることが何よりの結果を運んでくると確信していた」

えびすさまがそれほどまでに失敗談を持っているとは知らなかった。自分からあえて話を振ったり、自慢をしたりすることもなかったから。でもきっとここまでの財を築くのに、私には想像もつかないほどのドラマがあったのだろう。

「成長曲線というものは常に二次関数だ。複利と一緒で、直線ではない。ある程度いくまではずっと低迷し続け、成果はほとんど感じられないものだね。それが、閾値《いきち》と呼ばれる『ある地点』を超えた途端に、目に見えた成果が数字としても実感としても現れてくる。

初めのうちは一の努力をしたとして、一の成果を得られることは絶対にない。せいぜいその十分の一だろう。それでも御の字、といったレベルだね。その代わり、閾値を突破した後は、百の努力が千や一万といった成果となり、自分に還ってくる。

諦めずに続けることができるか。

やり方が正しければ、成果が出るか、出ないかの違いはこの一点のみにかかってくることになる。これは投資に限らず、全てに当てはまることだね。

閾値に達した後は、やればやるほど結果がついてくるから、ひたすら楽しく行動し続けることができる。

問題はその前、成果の出づらい段階。正しく行動しているはずなのに、なぜか思うような結果を得られない。……つまらないよね。だから、ほとんどの人はそこで耐えきれずに辞めてしまうんだ」

なんだかもったいないね、と呟いたら、彼は「そうなんだよ」、と語気を強めた。

「投資の世界で夢破れていく人の中には、あとほんの少し続けてさえいれば、花開いていた人もたくさんいるだろう。あと一歩だったのに、その最後の一歩を踏み出すことなくやめてしまう。でもそこで諦めるのは、それまで自分がしてきた行動を無下にする行為だ。

人の行動は習慣化するまでに四十二日かかると言われているね。新しいことに挑戦するとき、四十二日、三ヶ月、一年、三年といった期間を意識して取り組むようにすると、夢というものは断然叶いやすくなる。

もどかしい時期を乗り越え、行動し続けた人にのみ、神様は微笑むものだからね」

今回の学び

・投資は自転車、逆上がり、九九と一緒
・他の誰かができたことが、自分にできないはずはない
・成長曲線は二次関数

第3章

お金持ちだけが知っている、お金を稼ぐ「秘密の法則」

17　稼ぐ額を増やしたいなら、自分の器を広げよう

えびすさまはよく、億単位の金額を口にする。それは私にとっては天文学的な数字で、一生かかっても、むしろ孫の代になっても縁のないような世界だと感じていた。

「どうしてえびすさまはそんなに大きなお金を動かせるの？」

あまりにも大きな数字が出てくる頻度が高すぎるので、つい気になって聞いてみる。

「その金額が僕にとって、ドキドキしない金額になっているからだよ」

「え、ドキドキしないの？！　何億円、ってやり取りでも？」

この人、やっぱり私とは別世界の人なんだ。基準値がそもそも違いすぎる……。最初からわかっていたはずのことなのに、改めて格の違いを見せつけられたようで少ししょんぼり。急に口をつぐんだ私を見て、えびすさまはこう尋ねてきた。

「あすかちゃんは、大きなお金を扱いたいの？」

「うん。扱いたい、稼ぎたい。かっこいいし憧れる。大きなお金を動かせたら、お金ともっと仲良くなれる気がして。……誰だって一度は思ったことがあるんじゃないかな？　お金がもっと入ってきたらいいのにな〜、って。そうしたらあれもこれもできるのになぁ、なんてこと」

「扱うお金の額を増やす、簡単な方法を教えてあげようか」

「え、そんなことできるの？　知りたい！」


もったいぶるようにコホン、と咳払いをひとつ。こういうとき、次に出てくる言葉は大抵核心を突いているのがいつものパターン。私は姿勢を正して、続きを待つ。ひと呼吸置いたのち、えびすさまは「それはねぇ」と言葉を繋いだ。


「その金額を、自分で実際に使ってみることだよ」

「使ってみる？」

「そう。使う先は何に対してでもいい。その数字を自分の世界の中に組み込めるようになるには、とにかく自分自身の手で、使ってみるしかないんだ」

「でも一億円なんて、私の手元にないよ？」

「すぐにすっ飛ばそうとしちゃダメだ。初めから背伸びをしすぎるのは良くない。今の段階で例えば一億円を手にしたら、あすかちゃんはたぶん大きく道を踏み外すことになるからね」

聞けば、人にはそれぞれ「器」があるのだという。億を受け取れるのは億を使える人。億を使う器のある人。器の大きさや形状はまちまちで、それによって、一人ひとり得られる金額が変わってくるのだそう。

「えええ。私、すっごく小さくてしょぼい器しかなさそう……」

思わず声を上げ、肩をガクッと落とした私の耳元で、えびすさまは「大丈夫。耳寄りな情報を教えてあげよう」と囁《ささや》いてきた。

「この器の大きさや形状は、実は後からいくらでも変えることができる。自分の器は固定じゃなくて、どんどん広げられるんだ。そのための唯一の方法が、自分の限界を更新し続けていくことなんだよ」

「自分の限界って？」

「例えば、自分の中での平均値、基準となる金額ってあるでしょう？　お洋服ならこれぐらい、外食ならこれぐらい、宿泊ならこれぐらい、といった、大体の目安。この基準を少しずつ、上へ上へと持っていくんだ。
何も、一気に上げる必要は全くない。無理をしすぎると力がかかりすぎて、器が壊れてしまうからね。壊れてしまうと修復が大変になる。余計な時間も取られる。だからあくまでも少しずつ、少しずつ広げていくようにするんだよ」

お洋服なら一万円。外食なら六千円。これが私の平均値だった。このぐらいで収められたときは、心がざわつくことも特にない。
ただ、可愛いと思って手に取ったお洋服でも二万円を超えていたらそっと棚に戻していたし、外食で一万円を超えてしまったときは、他の日は赤ちょうちんの飲み屋さんに行きたいって言ってみたり自炊に切り替えたり。そうしてちまちまと、全体の出費の調整を図っていた。

「一度、今の基準値の三倍の金額を使ってごらん」

えびすさまは楽しそうに言う。

「初めて三倍の金額を使ったときの感情は、つぶさに記録しておいてね。ノートや携帯に書き留めておくといい。やってみてどう感じたのか。どんなことを考え、結果どうなったのか。そういうことを事細かにメモしておくと、自分の可能性が見えてくる」

えびすさまから指令があったときは、すぐさま実行する。これは彼と接する中で、私が自然と心がけるようになった行動基準のひとつ。ただでさえ月とすっぽんほどの差があるのに、これ以上差が広がっていったらもはや見失ってしまう。私はそうなるのが嫌で、日々必死に食らいついていた。

「何のために？」「本当に効果があるの？」なんて考えたらキリがないし、まだまだわからないことも多かったけれど、私の頭をいくら捻《ひね》ったところでどのみち大した答えは出てこない。お金持ちの思考は、お金持ちが一番良く知っているのだ。だから、私がすべきこと、そして一番簡単にできることは、指令通りにひたすら実行してみるのみ。

六本木で見かけて、ひと目惚れしたワンピース。あのときは高すぎる、と諦めたけど、本当は欲しくてたまらなくて、それから一週間の間に何度もお店を覗きに行った。

美味しいと評判の高級フレンチ。接客もサービスも一流で、お姫さまのような気分を味わえるという。ディナーはさすがにまだ早いな、という価格帯だったけど、ランチだったらこのミッションも達成できそう。

どちらの体験も、挑戦してみたらとても楽しくて。今まで「手が届かない」と勝手に線を引いて、自らその体験を遠ざけていたのがなぜなのか、自分でも不思議になるほどに幸せで。「その金額を使って良い」と自分に許したとき、自分の中での基準がぐっと上がったのを感じた。

「どうだった?」

明くる日えびすさまに聞かれた私は、興奮冷めやらず、いかに新鮮で幸せな体験だったかということを、身振り手振りを交えて詳細に語った。試してみる前と後では、世界がまるで違って見えるという感覚も。

「そうでしょう、そうでしょう」

彼は満足げに頷く。

「基準は一度上げたら戻してはいけない。戻さないように、上げたまま保つ努力をする。努力と言ったって難しいことではないよ、ただ、その金額感を常に意識しておくだけ。前の基準で選ぼうとしていたら、本当に良いの？　本当に選びたいのはどっち？　って、都度自分に問いかけるようにしてね。

そのときに焦点を当てるのは、金額じゃなく、心地良さや喜びのほうだ。どちらも選べる自分になったことを慈《いつく》しむ。常に自分の心に忠実にね。現実というものは、自分の意識によって、どんどん変わっていくものなんだから」

今回の学び

・扱うお金の額を増やすには、その金額を実際に使ってみること
・使う目安は基準値の三倍
・基準は一度上げたら決して戻してはいけない

18　そのお金は「自分のもの」じゃない

銀座ど真ん中の一等地。オレンジ色の高級ブティックに連れられて。えびすさまのお買い物ってどんな感じだろう？　私は社会科見学気分で好奇心からついていき、買い物の様子を見ているだけのつもりだった。

ずいぶん長い付き合いなのだろう、えびすさまの担当だという佐々木さんは、こちらはどうでしょう？　あちらもお似合いになると思いますよ。などと凄まじい提案力を見せ、えびすさまもほとんど断ることなく「それもいただこう」なんて言うものだから、テーブルの上にはあっという間に、購入商品がびっしりと並んでいた。

私の「お買い物」とはスケールが違いすぎて呆気に取られる。きっと今日この数時間で、普通の人の年収の三倍以上にはなるんだろうな……。

お会計前に、えびすさまがふとこちらを見る。

「これ、どう？」

と急に差し出されたのは、それは美しく輝く桜色のストール。

「わぁ、綺麗……！」

「羽織ってみて」

羽織るのは気が引けて、おずおずと首元に巻いてみたら、柔らかな肌触りにちょうどいい発色。纏《まと》った瞬間、顔色もパッとみずみずしく艶やかに、世界がふわっと明るく見えた。知らなかった。良いものを身につけるって、こんなに素敵な気持ちになれるんだ。

「いいね、とても似合ってる」

私ははにかみながら「ありがとうございます」と口にして、ストールを首から外し、そっと返そうとする。それを目ざとく見つけた彼は、佐々木さんの手を制し、私に向かっていつもとは少し違う口調でこう問いかけてきた。

「買ったらいいじゃない。気に入ったんでしょう?」

「いえ、だって、なんだか畏れ多くて……」

「どうして？　こんなに似合っているのに。今あすかちゃん、すごく幸せそうな顔をしていたよ?」

「……私にはこんなに高いもの、もったいないです」

もったいない、と口にするのは嫌だった。自分はまだその程度の人間だ、と自ら認めることになってしまうから。

「これ、いくらだと思う?」

「十万円ぐらいでしょうか……」

「いや、二十五万円。これぐらい、出せるでしょう?」

二十五万円。それは毎月のお給料以上。今までの支払いでは、経験したことのない金額だった。合計一千万円以上はするだろうという商品の山を目の前にして言うのはさすがに憚《はばか》られたけれど、それでも、私にとっては大金なのだ。

「もしかして……お金は使ったらなくなると思ってる?」

えびすさまは私の目を覗き込み、不思議そうに尋ねてくる。心のうちを見透かされたようでドキッとした。そう、確かに私は値段を聞いて、瞬間的に「買えない!」と思った。もしこれを買ったらどうなることだろう、と、脳裏には、預金口座の残高がパッとよぎっていた。

確かに、買って買えない額ではない。カードの限度額だってギリギリ足りているし、すぐそこにはＡＴＭだってある。それでも私はそのお金を「出す」ことが怖かった。

「お金はね、なくならない」

えびすさまは私に、キッパリとこう告げた。

「今、あすかちゃんは、お金が自分の手元からなくなるのを躊躇しているね。それはそのお金が『自分のもの』だと思っているからだ。

でも、お金は自分のものじゃない。もっと言えば、誰のものでもない。当然私のものでもない。お金はお金。自然と巡りゆくもの。私たち人間に、その循環を止める権利なんてないんだ。たまたま自分の手元にあるときに、どんな使い方ができるか？　それが問われている。一期一会を大切に、そのときの自分にとって『良い』お金の使い方をする。数字だけ見れば一時的な増減があったとしても、豊かさへの投資は、絶対に君を裏切らない」

彼は続ける。

「独り占めしていては永遠に豊かにはなれない。このお金を払うことで確実に、世界は大きく広がる。大丈夫、なくならないから。正しい使い方さえしていればちゃんと、このお金は何倍にもなって還ってくるから、安心して」

えびすさまが最初にお金の使い方を教えてくれた日を思い出す。……私は彼を信じてみることにした。というより、もはやどうにでもなれ、という気持ちに近かったのかもしれない。清水買いってこういうことかな。人生の経験値も資産額も段違いの大富豪を納得させるだけの反論は、今の私には見当たらなかった。

まぁ、また一ヶ月頑張って働けばいいや、と自分に言い聞かせながらのお会計。カードのサインをする手は小刻みに震えていたし、背中にはじんわり、変な汗をかいていたけれど。

そんなこんなで私の元に迎え入れたストール。効果はびっくりするほどすぐに現れた。そのストールを纏《まと》っているときはまず「気」が違う。顔つきも姿勢も、自然とシャンとする。明らかに背伸びをしていた自覚はあったので、無意識にでも、見合う女性になりたいと思っていたのかもしれない。

さらに、男女問わず褒められることが増えた。上流階級の集う場にお呼ばれする機会も。えびすさまに連れて行ってもらった会員制の社交場では、いつもより自信を持って振る舞うことができたし、何だか周りも私に対して、今まで以上に丁寧に接してくれるようになった気がする。それはどんなお守りよりも良く効く、私だけの秘密道具を手に入れた気分だった。

「あすかちゃん。以前と世界が変わったことに気が付くかい？」
「うん。……私の気のせいかなって思ってたけど、もしかしてこれが、お金を使った効果？」
「その通り。以前、いつもの三倍のお金を使って自分の基準を上げたときと一緒だね。今回は、あの二十五万円というお金を自分自身に投じたことで、あすかちゃんは『自信』と『豊かさ』を手にした。あと『扱い』もね。

ストール一枚に二十五万円なんて、きっと二十二歳の会社員が普通に過ごしている分には支払うことなどない金額だったろう。だからこそ、ここまですぐに効果が現れているんだけどね。表情も立ち居振る舞いも、まるで別人のようだ。

自分にお金を使ってあげることで、自分自身を大切にする感覚を掴んだんだろうね。それがいかに大事なことであるか、も。自分にお金を使うと、潜在意識の中に『自分がその金額に見合う人物である』と刷り込まれる。これからこういったお金の使い方をするたびに、あすかちゃんはどんどん素敵な女性になっていくよ」

自分にお金を使ってあげる。でも、そのお金は自分自身のものではない。それってなんだか、宇宙からのプレゼントみたいだなって思った。

「ひとつ、補足をしておこう。あの日僕はあすかちゃんに『お金は正しい使い方さえしていれば、何倍にもなって還ってくる』と伝えたね。

でも、そうして還ってくる形は、必ずしもお金とは限らない。量子力学の観点では、お金もその他の物質も、何もかもが全てエネルギー。そこに例外はない。還ってくるときは自分にとって最適な形になって現れるから、決してお金だけに捉われることなく、その合図を注意深くキャッチするようにしてね」

今回の学び

- お金はなくならない
- お金は自分のものじゃない
- 正しく使えば何倍にもなって還ってくるが、その形はお金に限らない

19　本気でお金持ちになりたいのなら、貧乏人は無視しなさい

お金持ちはよく、お金をすっ飛ばした話をする。それはそれは、とても明るく。

「こないだ十億円の案件がパァになっちゃってね～」

「五億円横領されて散々だったよ～」

時給千五百円、月給二十二万円の世界が日常の私には見当もつかない大金で、初めて聞いたときは桁を指で数えてしまったほど。それでもうまく消化しきれなくて、なんでそんなヘラヘラしているんだろう?と理解ができなくて、それをそのままぶつけたこともあった。

「ねぇ、悔しくないの?」

「悲しくないの?」

「例えば地の果てまで追いかけて問い詰めて、取り返してやろうっては思わないの??」

そんなとき、彼らはみな一様に微笑み、こう言うのです。

「そんなことをして、何になると思う？」

そうして少し哀しさが残る優しい瞳で、まっすぐにこちらを見ながら穏やかに言葉を続ける。

「お金と同じぐらい、どころかそれ以上に大切なのは時間だよ。あすかちゃんはまだ若いから、日常ではなかなか意識しないかもしれないけどね。

人はいずれ死ぬ。これは絶対的かつ普遍の真理だ。しかも僕たちは、その訪れがいよいよ迫ってきているのを日々感じている。若いときのように全速力で走ることはできないし、肉体も、記憶力もどんどん衰えてきている。

残された時間はそう長くはない。そんな中でどうして、自分よりも『貧しい人』に、僕の大切な時間を使わなければいけないんだい？」

「その人は、お金がないからそういうことをしたの？」

「あぁ……貧しい人、というのはお金の有る無しにかかわらない。どんなにお金があっても、貧しい人は貧しいからね。逆もまた然りだ。もちろん、お金が満足に得られていないときは、人生の選択肢というものは大きく狭まってしまうけれど。

ここで言う貧しさは『心の貧しさ』だ。心の貧しい人には、決して近づいてはいけない。貧乏は感染《うつ》るものだからね。

他人を騙してでも自分がのし上がってやろう、なんていうのは人としても三流の人間のやることさ。もちろん人それぞれ言い分はあるだろうし、彼には彼の叶えたい何かがあったのだとは思う。本来は人として越えてはいけない線を越えてまでも、叶えたいことがね。それを僕が責めることはできない。彼は目先のお金を手にして、今この瞬間はきっと幸せでいてくれているだろう。できれば死ぬまで幸せでいてほしい。

でも人生は面白いもので、自分の行いというのは、良いことも悪いこともいつの日か、巡り巡って自分に還ってくるようになっているものなんだよ。そう遠くないうちにね。僕も若いときは、散々学ばせてもらった。

せめて彼にはあのお金を元に、新しい豊かな人生を歩んでほしいものだよね。徳を積むというのは素晴らしいことだから。僕は特定の宗教に属しているわけではないけれど、それでも、お天道様はちゃーんと見ているよ。そのことに彼が早いうちに気が付いてくれることを、今は心から願ってる」

えびすさまはにこにこしながら、さらにこう続ける。

「それにねぇ、死ぬときは笑って死にたいじゃないか。あぁ、幸せな人生だったなぁ、と。怒りに満ちた顔、後悔の残る顔をして最期を迎えたくはないなぁ。これは僕の好みだけど。復讐心に燃え、たとえほんの一部でも自分の人生をそんなところに費やし、それで何年、何十年か後にお金が返ってきても虚しいだけだと思わないかい？

きっと、とても無駄な時間を過ごしてしまったと、やるせない気持ちになると思うよ。そんな暇があったらとっとと稼いでしまえばいい。手元からなくなった『以上』のお金をね。

幸い、僕には稼ぐ力がある。もし全財産がなくなったとしても、何度でもゼロからお金を生み出すことができるし、それを大きく増やすこともできる。お金の稼ぎ方も増やし方も、人生を通してたっぷり学んできたからね。見くびってもらっちゃ困るよ、伊達《だて》に歳を重ねているわけじゃないんだから」

そう言って茶目っ気たっぷりにウィンクをする様はどこか少年のようで、まっすぐで純粋な彼の気持ちに触れた私は、返す言葉もなかった。

なんて浅はかだったんだろう。なんてちっぽけな見方しかできていなかったんだろう。彼は私が思っていたよりもずっと大きな人間で、ずっとずっと本質を捉えていた。そんな当たり前のことを、どうして私は忘れていたのか。

もしかしたら、えびすさまは最初から全てわかっていたのかもしれない。わかっていてなお「赦《ゆる》す」という選択をしていたのかも。私は目の前の偉大な大金持ちのことを、これっぽっちもわかっていなかった。そこに思い至ったとき、私は顔から火が出るほど恥ずかしくなった。

「ねぇ、あすかちゃん。よく覚えておいて。お金はまた稼げばいい、でも、時間は決して巻き戻せない。自分の大切な時間を、自分にとって価値のないことに使ってはいけないよ。

貧乏人に引っ張られても、良いことは何ひとつない。ただ泥沼に嵌《はま》るだけ。そこに広がるのは足の引っ張り合い。豊かさとは程遠い、奪い合いの世界だ。どうか自分の価値を、自分で落とさないで。恨みからは何も生まれない。

豊かな人生を生きたいのであれば、お金に執着しないこと。くれぐれも、これを忘れないようにね。例えば一時的に手元からなくなっただけのお金に執着していつまでも恨み辛みを言うようでは、きっと一生稼げないし、豊かにもなれない。自分の力量がそこまでだと、自ら公言しているようなものだからね」

えびすさまがサラッと口にした「一時的に手元からなくなっただけ」という言葉。それはいわゆる「普通の人」からは決して紡《つむ》ぎ出されないフレーズで、「お金が巡り巡るもの」だと腹落ちしているからこその表現だと感じた。お金は自分のものではない。独り占めしてはいけない。えびすさまに繰り返し説かれていることを思い出す。なるほど。自分のものじゃないんだから、執着する対象にはそもそもなり得ない、ってことか。

「貧しい人」とは関わらない。世界に出現させないと徹底する。時間もお金も、「自分にとって価値のあること」だけに使っていこうと心に誓った。だって私はえびすさまの言う通り、限りある命、一度きりの人生を生きているんだから。

今回の学び

・心の貧しい人には、決して近づいてはいけない
・貧乏は感染《うつ》る
・恨みからは何も生まれない

20　雨が降っても自己責任、犬に噛まれても自己責任

あるとき詐欺に遭った。判明した瞬間、目眩《めまい》がして倒れそうになった。呼吸が浅い。息が苦しい。吐き気がする。騙されたと信じたくはなかった。目の前が真っ暗になる、とはこのことか。

「なんで？」
「どうして？」
「いつから？」

自問自答をしても当然、納得のいく答えなんて返ってこない。怒り、悲しみ、悔しさ。あんなにもドロドロとした感情を一気に抱えたのは、もしかしたら初めてだったかもしれない。

私は真っ黒な心のまま、どこかに光を見出したくて、えびすさまの元へ行った。えびすさまは思考の整理もつかずにわぁわぁ泣いている私をじっと見つめ、優しく慰めてくれた。

「それは大変だったね。傷ついたね。悔しいね。よく言ってくれた。人によっては、死んでもおかしくない額だったと思う。よく、生きていてくれたね」

誰にも言えなくて、どんどん苦しくなって。やっと口に出せた。私はえびすさまの温かな言葉に、ただただ涙を流すだけだった。

「詐欺に遭うと、思わず挫けそうになるよね。投資なんて二度としない。欲をかいたからだ。やっぱり大人しく、真面目に働くのが一番なんだ。……同じ状況になったらきっと、そう考える人も多いだろう。

自分がやってきたことは間違っていたのか。金持ちになるなんて無理なのか。億万長者を志《こころざ》すなんておこがましかったのか。なんて、つい自分のことを責めてしまう。

でも、それは違うよ。君は億万長者になる運命だ。ここでやめるということは、あすかちゃんにとって、自分の過去、特に投資を始めてからの人生を全て否定するということになる。君の人生は君のものだ。あすかちゃんの価値は、あすかちゃん自身が決める。ポッと出の詐欺師に翻弄されている場合じゃない」

えびすさまの言葉を聞いているうちに、私は少し元気になってきた。そうしたら今度は、悲しみが怒りに変換されていった。どう追い詰めてやろう。どう懲らしめてやろう。見つけ出して、必ず目の前で土下座させるんだ。

真っ黒な復讐心でいっぱいになったとき、えびすさまは私にすっと鏡を差し出した。

鏡の中の自分と目が合う。彼女は、それはそれは醜い顔をしていた。初めて見る表情に、思わず息が止まる。これは誰？ 私は何を叶えたい？ この先、どんな世界で生きていきたいの？

……そんなとき、前にえびすさまに聞いた言葉が蘇ってきた。

「復讐心に燃え、たとえほんの一部でも自分の人生をそんなところに費やし、それで何年、何十年か後にお金が返ってきても虚しいだけだと思わないかね？ とても無駄な時間を過ごしてしまったと、やるせない気持ちになると思うよ。そんな暇があったらとっとと稼いでしまえばいいんだよ。手元からなくなった以上のお金をね」

私は怒りの矛先を詐欺師に向けようとしていた。でも、それは時間の無駄だ。彼らと同じ土俵に乗っていては、幸せなお金持ちからはかけ離れていくだけ。私の目から怒りが抜けたのを確認して、えびすさまはそっと私に言葉をかけた。

「あすかちゃん。なくなったお金は取り戻せない。ただね、そもそも騙されたとはいえ、信じたのは自分。お金を投じたのも『自分自身』だ。思い出してみてほしい。少なくともその時点では、あすかちゃんは納得していたはずなんだ。

百パーセント詐欺師のせいにして糾弾《きゅうだん》することは、確かに楽だし瞬間的にはせいせいするだろう。でも、これは単に、自分自身の判断ミスでしかない。

人を騙すのは、もちろん悪いことだ。その詐欺師をかばうつもりなどないし、お金が仮に全額戻ってくるならそれに越したことはない。むしろ大歓迎だ。

でも、執着するのはやめにしよう？　再出発に必要なのはまず、自分自身の非を認めること。その視点で反省、改善しなければまた同じことを繰り返すことになる。第一、被害者ヅラをしたところでお金は一円も返ってこないのだから、そこに時間を費やすような愚行は手放そうね」

そう、えびすさまの言う通り。お金を投じた当時、私は「楽」をしようとした。何もせずに、待っているだけでお金が入るような生活に憧れるあまり、リターンばかりに目が行って、リスクなどこれっぽっちも考えていなかった。

世間知らずの小娘は、さぞ騙しやすかったことでしょう。加えて、自分が詐欺に遭うことなどあり得ないという謎の自信。それが私の目をさらに曇らせた。

「私、ちょっと自信過剰だったんだと思う。根拠のない自信に人生を預けちゃいけないね」

「根拠のない自信というものは、自己完結型の事象でのみ効力を発揮するものだからね。そこに他人、つまり自分のコントロール外の事由を介在してはいけないんだ。

自分に対する自信というものは、何かを実行に移すときの後押しにはなるが、それは事前に最悪の事態を想定して、リスク管理ができてこそ生きるもの。正しく使わないと破滅の道に突き進んでいきかねないから、取り扱いには注意が必要だね」

脳内お花畑状態。独りよがりの妄想。リスクを考えずにリターンばかりに目を向ける。えびすさまと話していたら、なぜ自分が騙されたのかが、はっきりとわかった。

「あすかちゃん、投資で同じ額を損したときと今とでは、どちらのダメージが大きい？」

「今、ですね。こんなにショックだったことって、たぶん人生で初めてだと思う」

「それはどうして？」

「一瞬でなくなっちゃったから。夢と希望と欲望でパンパンに膨らんだ風船が、空中で急に破裂しちゃった感じ」

そうだよね、とえびすさまは穏やかな笑みで静かに頷く。

「投資で損をするよりも詐欺で同額を失うほうのダメージが大きいのは、お金を自分の『管轄外』に置くからだ。投資は自己責任。良くも悪くも自己責任だね。増やすのも減らすのも自分次第。

もしもギャンブル性を排除し真っ当にお金を増やしたいのであれば、今後は決して他人に資産を預けてはいけない。

詐欺に遭っても、それを反省と改善の機会と捉えて乗り越えられる人は、そこからさらに大きく成長する。あすかちゃんは、それができる人だよね。ちゃんと相場に向き合うようになるし、リターンではなくリスクから考える癖もつく。

どれもこれも、投資を続けていくにはとても大切なことだ。この一連の出来事も、あすかちゃんの長い投資人生における序盤には必要な経験だったんだよ」

「雨が降っても自己責任、犬に噛まれても自己責任」

おじいちゃんたちが事あるごとに、呪文のように唱えている台詞。徹底して「自己責任」と思うことが、投資を続け、成功するための鍵なのでしょう。

私は改めて「稼ごう」と思った。負けっぱなしは嫌。自分の判断を後悔するのも嫌。過去の自分を否定するのも嫌。起こってしまったこの出来事を昇華するには、騙された額「以上」のお金を稼ぐのが最短ルートだと確信した。

「あすかちゃんはね、ラッキーなんだよ。だって、もっと稼いでからこういった事態に遭遇していたら、きっともっと大きな額を失っていたんだからね。

どんな出来事も、自分次第で意味づけは変えられる。逆にいつまでも同じところで立ち止まっている人は、稼ぐ器も気もないし、その程度でしかないということだろう。そういう人は、結局お金持ちにはなれない。嘆いていたって状況は一生変わらないのだからね。

金持ちになるのを諦めたくないのであれば、そんなことに時間を使わずに粛々と、お金を生み出す行動を取るべきだ。大丈夫、君はツいている。だから立ち止まるのをやめて、なすべきことをなさい」

えびすさまの「大丈夫」は魔法の言葉。……一年後、私はその十倍の額を稼いだ。そのお金を手にしてようやく、あの出来事も必要なことだったのだと、心から感謝した。過去の私がやっと安堵し、癒された瞬間だった。

今回の学び

・お金を自分の管轄外に置いてはいけない
・全ては自己責任
・どんな出来事も、自分次第で意味づけは変えられる

21　お金に期待しない、お金に夢を見ない

お金があると、できることが増える。
お金があれば、大抵のことは叶う。
お金によって、悩みの多くは解決できる。

「そう考えるとお金って本当にすごいよね！」

お金の力を日々実感するようになった私は、前よりも一層お金に感謝するようになっていた。
そんな私を見て、えびすさまは少し窘《たしな》めるようにこう言った。

「お金は使い手によって大きく表情を変える。あるときは天使に、また、あるときは悪魔に。こんなにこちらの力量が試される道具を、僕はまだ、他に知らない。お金は確かに便利なアイテムだ。ただ、お金『自体』に何か特別な力があるわけではないということは、意識しておくべきことだよね」

「お金自体に、特別な力がない？」

「そう。ここは罠に嵌《はま》る人がとても多い部分だ。『お金さえあれば幸せになれる』。稼ぐ前も、そして稼ぎ始めてからも、大半の人は気づかないうちにいつの間にかこのトラップに引っかかってしまう。場合によっては何度となく。それほど『お金』というものは、錯覚を引き起こしやすいものでね。

あすかちゃんには、お金とちょうど良い塩梅で付き合っていく秘訣を教えてあげよう。お金と上手に付き合うには、決してお金に期待しないことだ」

「お金に期待をしない……」

「そう、お金に期待してはいけない。確かにお金は色んなことを叶えてくれる。そのことに慣れてしまうとつい、お金が『何でも叶えてくれる』と勘違いをしてしまうようになるんだよね。

でもあすかちゃんが知っているように、お金は全てを叶えられるわけじゃない。例えば愛や人間関係、健康。そういった、自分ひとりでは完結しない、人や神様といった『何らか』と対峙する要素のある悩みを、お金は解決できない」


前にえびすさまから教わったことを思い出す。お金持ちは、お金で解決できることはさっさとお金で解決する。時間という命を無駄にしないために。そしてそれは、彼らがちゃんとお金を「手段として」扱っているから実現できることだ。お金は万能じゃない。お金が望みの全てを叶えてくれるわけではない。
「たまに、お金で幸せを買おうとする人がいる。それは何の意味もないしそもそも不可能なんだけど、ひとりで突っ走ってしまっていると、なかなかそこに気が付けないんだよね。お金がないと幸せになれない、と思ったらもう、それは不幸の入り口に立ってしまっている状態だ」

不幸の入り口……？　何だか怖い。

「手元に十分なお金がない段階から、勝負は決まっている。その時点で『お金さえあれば幸せになれるのに！』と思っている人は、お金をいくら手にしたところで幸せになることはできない。飢餓感、虚無感。そういった感情に心の奥底まですっかり支配されて、本当の幸せを取りこぼしてしまうんだ。
幸せを感じるにはまず、アンテナを張っている必要がある。お金が目的になってしまってはいけないね。決して、お金がある『から』幸せなんじゃない。幸せは、そのまま感じないとまるで別物になってしまうから、ここは常に、よく気を付けておく必要がある」

幸せをそのまま感じることができない、というのは、お金持ち見習いの私からしても『不幸せな状態』だと感じた。お金ありきの幸せは、お金がないと成り立たなくなってしまう危なっかしいもの。お金単体と幸せという感情は、あえて切り離して考えなければいけないのだろう。

「お金を手にして幸せになれる人はね、そのお金を手にする前から『豊か』な人なんだ。もう少し噛み砕いて言えば、お金を手にする前から、当たり前の日常にちゃんと感謝し、幸せを感じている人。

幸せ不感症の状態でお金を手にすると、そのお金で何をしたらいいかわからずに、無駄遣いをしてしまう。見せかけの贅沢をしたところで、ほっこりした『幸せ』という感情は手に入らないんだよね。それは心の話、内面が作用しているものだから。

使っても使っても満たされなくて、いつも苛立ち、顔つきまでもどんどん怖くなっていくような人はたくさんいる。私からすると、稼がなかったほうがマシだったんじゃないか、と思ってしまう人も、見ていると残念ながら多い。せっかくお金を得たとしても、それでは全く意味がないでしょう?」

「……うん。そんなのって悲しい。すごく虚しい気がするし、そんな人にはなりたくない。でも……私がそうならないって保証もないんだよね。自分でも思うもん。『絶対に大丈夫?』って聞かれたら『わからない』って答えになると思う。

ねぇ、えびすさま。ダークサイドに落ちないために、私はどうしたら良いの?」

「簡単だよ」と、えびすさまは笑った。

「お金をやたらと神格化しないことだ。お金に期待しない。お金に夢を見ない。お金はあすかちゃんの望みの全てを叶えてくれるわけじゃないんだから、そんなに持ち上げなくたっても良いだろう?

物事は『お金を通したフィルター』じゃなく、まっさらな状態で見る。くれぐれもお金を、自分よりも上の立場に持ってきてはいけないよ。お金を使いこなすには、主従関係は明確にしておく必要がある」

お金があるとできることがあまりに多いから、うっかりしているとつい崇《あが》めてしまいそうになる。でも、感謝の気持ちを持つことと崇《あが》め奉《たてまつ》ることとは違うんだ。お金に全てを背負わせてしまうのは、使い手としてとても失礼なこと。自分の幸せをそんな無責任に、丸投げしてしまってはダメだよね。

「お金は手段。単なるアイテムであり道具。夢や理想を叶えるのはお金じゃない、自分自身だってことを、どうか忘れないで」

今回の学び

・お金自体に特別な力はない
・お金さえあれば幸せになれる、と思っている人はお金があっても幸せになれない
・お金が望みの全てを叶えてくれるわけではない

第4章

お金持ちだけがやっている、お金に好かれる習慣

22 お金持ちはなぜ「運」が良いのか

たった今、目の前で起こったのは、二十秒で五百万円が増えたということ。お金って何なんだろうな。私の年収以上の金額が、たった一枚のコインの中にあるなんて本当に不思議。私にとっては「非日常」。でも大金持ちには、これもまた「日常」なのでしょう。

シンガポール出張最終日。カジノ最上階の秘密の部屋。セキュリティゲートのさらに奥。一般の人は存在すら知らない、最上級会員だけが入室を許される場所。煌《きら》びやかなシャンデリアに真っ赤なカーペット。飲み物はいつでも運んできてもらえるし、フリービュッフェもあるからその気になれば一日中いることだってできる。窓はなく、昼か夜かも中に居《い》ては全くわからない。時空が歪む。カジノって導線も仕組みも造りも、本当によくできているよね。

最低ベット金額は一番安い台で五万円、平均五十万円。隣の卓には日本円で一億円分以上のコインを積み、楽しそうにブラックジャックに興じている中華系のお金持ちがいる。

「よし、ここにしよう」

部屋の中を一周したのち、えびすさまはテーブルを決めた。お客さんの誰も居《い》ない台。直近の戦績は全て、ディーラーさんの横の画面に表示されている。

どうやらそこで何らかの法則を見出したようだったけれど、選んだのは『バカラ』の台。プレイヤーとバンカーのどちらが勝つかを予想して賭けるという、とてもシンプルなゲーム。シンプルだからこそ、必勝法など存在しない完全なギャンブル。それなのにえびすさまはなぜか、とても余裕そうだった。さも、勝つのは決まっているよ、とでも言いたげに。

運試しだね、と無邪気に笑う手には五百万円のコインが一枚。運試しのレベルを遥かに超えているような……。

お金持ちの遊びは時に、桁違いのお金がかかる。ウェイターさんにアイスコーヒーをオーダーして、ゲームスタート。と言っても勝負は一度きり。二十秒もあれば、カードは出揃い、決着がつく。

「あすかちゃん、どっちだと思う?」

ふと話を振られ、コーヒーを口に含んだばかりの私は思わずむせた。ルールだってほぼわからないこの私に、そんなに軽く五百万円の賭けをさせる？

「買ったら半分あげるよ。山分けしよう」
「大丈夫です、自分のお金なんだから全額どうぞ」

えー、と少し不満げに呟きつつも相変わらず楽しそう。このお断りでかわせたかと思いきや、今度はじっと私の目を覗き込み、ニコニコとしながら再び聞いてきた。

「どっちがいい？」
「私、わからないですよ。もしかして、勝つほうがわかる方法があるんですか？」
「ないね」

こんなにサラッと言えるのはなぜかしら。確証のない一度きりの勝負に、五百万円？？

「どっちでも大丈夫だよ、そんなに気負わずに。負けたところでただの遊びだから。僕たちはお互いに運が良いから、なんとなくいける気がするけどね」

そんなこと言われたら余計にプレッシャーなんですけど……。でもこの調子だと、きっと私が答えるまで、彼は何度だって同じ問いをしてくるだろう。どのみち二分の一だ。当たるも八卦、当たらぬも八卦。長く考えたところで当たる確率が高まるわけでもないし、ここはひとつ、覚悟を決めて。

「じゃあ、プレイヤー」

「良いね、僕もそう思う」

彼はパッと顔を輝かせ、そして本当に、全額をプレイヤーにかけた。一点勝負。心臓がキュッとなる。ディーラーさんがカードを配る。そっと一枚めを開いてみると、数字の十。もうひとつのカードは……数字の九。

勝ちだ。わずか二十秒。彼は五百万円を追加で手にして、手元の資産を倍にした。そしてそのまま換金へ。これほどまでに時給の良い稼ぎ方を目にしたのは初めてだ。

「あすかちゃんのおかげだよ〜」

いつにも増してホクホク顔でご機嫌に話すえびすさま。でも、彼はたぶん、負けてもご機嫌だったのではないかと思う。疑問に思っていたことを聞いてみた。

「怖くないんですか？」

「何が？」

「一瞬で五百万円がなくなるかもしれないことが」

「怖くはないね」

「どうして？　それってえびすさまが大金持ちで、五百万円がはした金みたいな感覚だから？」

「違うよ、金額の問題じゃない。カジノは勝ちたくて来ているというよりも社交場であり感情の変化を楽しむ場だから、身を置くだけで目的の八割方は達成なんだ。こうして平等にスリルを味わうことなんて下界ではそこまで多くないし、何よりここは、お金の概念や思い込みを書き換えるのに非常に適した空間でもある」


彼はゆっくりと続ける。


「あすかちゃんをどうしてここに連れて来たかわかる？　『自分は運が良い』って僕に対してちゃんと言える女性だからだよ。

人生の九十五パーセントは運で決まる。そして『運の良い人』というのは確実にいる。これは金持ちであれば共通だと思うけど、運気は感染《うつ》るものという確信があるから、運の良い人となるべく多く一緒にいたほうが絶対に良いんだよね。

ただ、さっきはやっぱり迷いが見えた。あんな勝負は初めてだったろうから当然だけど。次はもうひとつ先の段階へ行こうね。もっと自信を持って良い。どんな状況でも、たとえ負けたとしても『私は運が良い』って断言できる女性になれば、君はもう『金持ち』の仲間入りだ」

お金持ちはなぜ「運」が良いのか。それは、どんなときも「自分は運が良い」と信じ切っているから。運が良い人に、運の悪いことは起こり得ない。同じ事柄が起こったとしても、運の悪い人はそれを「運の悪いこと」と、運の良いお金持ちはそれを「運の良いこと」と捉える。

「意識が現実をつくっていく、っていうのは、こういうことの積み重ねなんだよ」

彼はにっこりと笑い、札束を鞄に仕舞った。

今回の学び

・お金持ちは運が良い
・人生の九十五パーセントは運で決まる
・何が起こっても運が良いと言えるようになれば、お金持ちの仲間入り

23 「悪魔の口癖」を排除する

言葉が意識をつくる。意識が現実をつくる。ゆえにお金持ちは、言葉にとても敏感だ。えびすさまと知り合ってまだ日も浅かった頃、私は自分でも気が付いていなかった口癖を、かなり厳しい口調で注意された。

「ほら、また言ってる。『でも』『どうせ』『だって』。そんな言葉ばかり口にしていて楽しいかい？　返事は基本的に『はい』『イエス』『もちろん』。言い訳を並べても一円の得にもならない。むしろ自分の評価を下げるだけだよ。あすかちゃんは一体いつまで逃げているつもりなの？せっかく他の人と比べて優位な段階でこの世界に飛び込んできたのに、このまま時間を無駄にし続ける？」

「手始めに実際、投資してみたら？」という彼の問いに、

「でも、やったことないし……」

「だって何から始めたら良いかわからないし……」

「どうせえびすさまは、手取り足取り教えてくれるわけじゃないんでしょう?」

といった後ろ向き全開の返しをした直後だった。私は自分でお金持ちになると大風呂敷を広げたくせに、いざ具体的な手段に移すとなると怖気付《おじけ》いてしまい、なんだかんだと言い訳をつけて、始めるのをずっと先延ばしにしていたのだ。

恥ずかしかった。無意識のうちに、お金もお金持ちも遠ざけるであろう言葉を連発していた自らのセンスのなさが、残念で仕方なかった。しかも、よりによって私の周りでは圧倒的に一番の「お金持ち」の前で。わざわざ教えてくれた優しさに、思わず涙が出そうになる。

諭《さと》すような調子で、えびすさまはこう言ってきた。

「私はね、嬉しかったんだ。まだ年端《としは》もいかない子が、私にとっては孫よりも若い女の子が、希望いっぱいに金持ちの世界の扉を叩いた。日本が元気をなくした今の時代に、まだこんな子がいるんだなぁって、まだまだ捨てたもんじゃないなって感動すら覚えた。

ところがどうだい? そこからしばらく経つけど、あすかちゃんの資産状況は変わっていない。何もしていないんだから当然だ。行動に移さないということは、考えていないのと同じなんだよ」

そんなに真剣でいてくれていたなんて思いもしなかった。えびすさまが抱く想いなど露《つゆ》知らず、ただお茶をすすり雑談をするだけに甘んじていた私は、数ヶ月もの間、完全に機会損失をしていたのだ。

図々しいんじゃないか。
こんなこと聞いたら失礼になるんじゃないか。
嫌われたくない。がっかりさせたくない。

何度か挑戦しようとしてみたものの、大富豪を前にいざ「お金」や「投資」の話をするとなると「彼らにとっては専門分野だから」「コアな部分だから」と気後れして、遠慮がむくむくと頭をもたげた。だから、そういった話をしなくても良い方向に、私はつい逃げてしまっていたのだ。

正直にそのことを伝えると、えびすさまは「あぁ」と納得したような表情を浮かべ、「そんなことはちっとも気にしなくて良い」と優しく言った。「お金持ちをやっていればそういった話は日常茶飯事だし、それをどう受け取るかはこちらの問題だから」と。

「あすかちゃんの助けには、できる限りなりたいと思っている。これは本心だ。お金や投資についても、何だって質問して良い。経験も資産も違うのは最初からわかっているんだから、それで馬鹿にしたり嫌ったりはしないよ。約束しよう。

ただし、ここから本格的にお金の勉強を始めるにあたっては、絶対に守ってほしいことがある。さっきの言葉たちを発して、現実から逃げるのをやめること」

彼はまっすぐに私を見て、さらにこう続ける。

「投資家から名だたる経営者まで、今までも本当に色んな人と会ってきた。その中で、うまくいく人には共通する『特徴』があるんだよ。何かでずば抜けた成果を出した人、何かを成し遂げた人というのは、絶対にこういった発言をしない。

『でも』『どうせ』『だって』。これらは頭文字を取って『三D』と呼ばれることもあるね。投資に限らず、成功者の世界では原則として禁句とされている。

もちろん、ただの接続詞であれば全く構わないんだけど、この『三D』は多くの場面で『自分を守りたい』という感情が入りやすいんだ。それで後に続く言葉が言い訳や責任転嫁のオンパレードとなると、聞いていてすごく疲れるし、全くもって実りがない。しかもいつまで経っても同じところの堂々巡りで、どんどん気が滅入ってくるんだよね。

自分のせいにできない限り、人として成長することは一生ない。投資の自己責任論に通ずるところもあるかな。どうしてこういった状況になっているのか。自分に何が足りていないのか？どんなときでもそういう考えができるようにならなければ、成功というものは決して訪れない」

えびすさまは大きく息を吸い込み、真剣な口調で私に告げた。

「本気でお金持ちになるつもりなら、とりあえず一億円を達成するまで、言い訳と責任転嫁は一切しないこと。これが守れる？」

えびすさまの本気を感じて私は背筋を正し、「はい」と大きく頷いた。未熟な私がたまたま、これだけ人間性までも素晴らしくできたお金持ちに出会えたことは、正《まさ》しく天の采配だ。神様ありがとう。

その日から私は「逃げ」という選択肢を封じた。言い訳と責任転嫁を排除したら、彼らの知識や経験、思考回路をぐんぐんと吸収するようになり、停滞していた現実も再び動き始めた。成長スピードは以前と比べものにならないほど速く、この一件で私は「言葉の威力」というものを、改めて痛感したのです。

今回の学び

・成功するなら「でも」「だって」「どうせ」は禁句
・言い訳と責任転嫁はお金持ちに嫌われる
・逃げを封じることで成長スピードは飛躍的に加速する

24　もし三年後に死ぬとしても、今の環境を選びますか？

「ねー、えびすさま、私ってずるいのかなぁ？」

「どうしたの？」

「今日ね、『あすかばっかりずるい』って言われたの。そんなに親しい子でもないんだけど、それでも、なんでそんなこと言われなきゃいけないのかな、理不尽だよなぁって悲しくて」

　お金持ちと仲良くしている。それは私にとって、特段、秘密というわけではなかった。たまたま仲良くなった人がお金持ちだっただけだから。でも、世の中の人の受け取り方は違ったみたい……。私はなんとも言えない後味の悪さに「言わなきゃ良かった」と後悔をしていた。

「付き合いたくない人とは付き合わなくて良いんだよ。あすかちゃんが悔いるべきは、それを言ったことに対してではなく、そんな受け取り方をする人、そしてそんな心ない言葉をかけてくる人と接していたことだ」

「距離を置けってこと？」

「そう、その人があすかちゃんの幸せな世界を脅かすような人であればね。妬《ねた》み、僻《ひが》み、やっかみ。不平、不満、愚痴。そういった感情や言葉が横行しているような世界に身を置いていてはいけない。そういうつまらない、貧しい世界の人たちとは関わらないほうが良い。

僕もいつからか意識的に排除してきたんだけどね。その結果、僕の周りには今、愛と幸せに満ちた豊かな世界が広がっている。環境も誰と付き合うかも、自分自身で選べるし、選んで良いんだ。関わる人を選び、去りゆく人は特段追わない。それが僕の基本姿勢。誰と接するかによって、人生は大きく変わるということを知っているからね」

誰と接するかによって人生は大きく変わる。えびすさまとの出会いを振り返り、確かに、と納得した。平凡な私の世界を広げてくれたのは、紛れもなく、目の前にいるこの大富豪なのだ。

「あすかちゃん、知っているかな？　一生のうち、何らかの接点を持つ人が三万人。そのうち同じ学校、職場、ご近所さんといった近い関係となるのが三千人。さらにそのうち親しく会話を持つのが三百人。友人と呼べるのが三十人。親友と呼べるのが三人と言われている。全世界の人口から計算すると、接点を持てる人でさえも、一パーセントに遠く及ばない。

小学校では『みんなと仲良くしなさい』なんて教わるけど、この数値を知っていたらそんなことは現実的でない、と瞬時に判断できるね。君のことを傷つける人に時間を使う必要はない。

君の邪魔をする人、君を大切にしない人に貴重な時間を割くものではないんだ。人生は短いし、いつ死んでしまうかもわからないのだから。あなたにはちゃんと、あなたの関わるべき人がいる」

小さい頃は家庭と学校が世界の全てで、そこでやっていけないということは存在の否定、存在そのものの「死」を意味していた。だから、多少は無理して笑うこともあったし、嫌だなと思うことがあってもなるべく穏便に済ませてきた。そうすることが、環境を快適に保つことに繋がっていたから。

「大人になってからも子どもの頃の延長線で生きている人は多いけどね、本当はもう、そんなことはしなくて良いんだ。だってあの頃と違って、身を置く場所も関わる人も全て、自分の意思で自在に選択することができるのだから。大人って本当は、自由で楽しいものなんだよ」

もう、我慢する必要も、無駄に気を遣う必要もない。えびすさまに具体的な数値を聞いてからというもの、私は思い切り枠を取り払い、それまで以上に付き合う人を意識して選ぶようになった。すると、それに伴い優先順位や時間の使い方も、どんどん変わっていくことに。

それは「今までそれなりに意識していたつもりが全くできていなかった」「時間を割くべき

ところに割いてこなかったのだ」という皮肉な証明でもあったが、私にとってはとても心地良い変化だった。なくせるところって、まだまだたくさんあったんだ。私には本来こんなに、自由に使える時間があったんだ。

「余計なしがらみが多いと、大切にしたい人や事柄すら、満足に大切にできないからね」

好きな人だけと関わる人生を突き詰め始めてから、えびすさまの言葉がなおさら身に沁みる。あのままひとりで考えていただけでは、もしかしたら一生気づくことができなかったかもしれない。そう思うと、人生って本当にご縁とタイミング次第だ。

人間関係を大きく変えてからも、唯一変わらなかったのは職場だった。仕事を辞める決意はなかなか固まらなかった。環境はそこそこ良好、上司にも同僚にも恵まれ、それなりに割りも良く、社員同士の雑談では「天国だね」「こんな職場、日本中を探したって他にないよね」と言い合うような職場だった。

だけど、業務自体は単調な事務作業のルーティン。一生このままで良いのだろうか、もっとできることがあるんじゃないか?という漠然としたモヤモヤ感は、日に日に強くなる一方で。「このままだと馬鹿になる気がする」「ここは私のいるべきところではない」という想いが脳にちらつくようになっていた矢先、えびすさまは私の心を見透かすかのごとく、こう言ってきた。

「人生が滞《とどこお》るような感覚を覚えたときはね、まずは自分自身を振り返る。でも、しっかり見つめてみてもそこに明確な答えがなかったなら、その次は身を置いている環境を振り返るといいね。大体は、そこに答えがある。

環境の力は強い。良くも悪くも自分の考え方や在り方、生き方に大きな影響を及ぼす。自分に素直に正直に生きられるようになったあすかちゃんはもう、『そこそこ』の幸せでは満足できなくなっているんだ。

そういった違和感を抑えきれなくなったときは、勇気を持って飛び出してみるのも大切だよ。せっかく加速してきた人生、職場に足を引っ張られている場合じゃない。

三年後に死ぬとしても、今の環境に居続ける？　……もしそうなら良いんだよ、もちろん。でも、違うでしょう？　世界というものは、今あすかちゃんが思っているよりもずっと広い。仕事に多くの時間を割いているうちは、それを知ることすらできないけどね。

心の声に耳をすませば、自分が本当に求めているものはわかるはずだ。生きているうちに、本当はもっと他にやりたいこと、やってみたいことがあるんじゃないかな？」

翌週、私は退職願いを出した。一日のうちに最も多くの時間を割いていた「仕事」を手放すことで、これからの人生がもっと面白くなっていくだろうと感じたから。まだ見ぬ世界が見たい。一度きりのこの人生を、極限まで味わい尽くしたい。それが、私が仕事を辞めた理由。

安定と固定給への執着を手放したら、世界は瞬《またた》く間に拓《ひら》けていった。

今回の学び

・付き合いたくない人とは付き合わなくて良い
・振り返る順番はまず自分自身、次に環境
・判断軸は「三年後に死ぬとして、今の環境を選び続けるかどうか」

25
お金を稼ぐのは特別なことではなく、呼吸をするのと同じこと

出会って以来、いつも不思議だったことがある。それは、えびすさまたちがみんな、お金持ちには到底見えない格好をしていること。どう見てもファストファッションの域を出ない、地味な格好（手触りは良いのだけれどね）。

その辺を歩いているサラリーマンや、たまに集まる大学時代の友人たちのほうがむしろ、私にはよっぽどお金持ちに見える服装をしている。

彼らの趣味？　センス？　それとも何か意図があるのかしら。疑問を放っておけない性分の私は、単刀直入に聞いてみることにした。

「みんなお金あるんだから、もっと良い服着たらいいのに。それじゃ全然お金持ちに見えないよ？」

彼らは顔を見合わせて爆笑しながらこう言った。

「それでいいんだよ！」

「え？　どういうこと？」

「だって街中でお金持ちに見られたって、何にも良いことなんてないからね」

よくよく聞いてみると、私が知らなかっただけで、どうやら彼らは「貧乏ごっこ」というものにハマっているらしい。生まれながらの資産家やとっくにひと財産もふた財産も築いた投資家の皆々様は、行く先々で最重要顧客として対応を受けるのがスタンダード。どこに行っても至れり尽くせり、最高のサービスを享受できる。私にとっては羨ましい限りの話だったけど、彼らはそんな日々に飽き飽きとしているようだった。

「人は八割以上の情報を視覚から受け取る、ということはあすかちゃんも知っているね？　だから当然、身なりはとても大事だ。相手に対するマナーでもある。ただ、同時に哀しいかな、表面的な部分だけを見て態度を変える人間に、ろくなやつはいない。そういう人は恐らく他人を上下に割り振っているんだろうね、無意識かもしれないが。この人は自分より上、こいつは自分より下、なんて。でもそれは、とても愚かなことだ」

ため息とともにえびすさまは続ける。

「昨今は品のない人が多くてね。お金を持っていることをことさら主張する輩《やから》が後を絶たない。考えてもごらん？　六千万円の車に七億円の時計。でもそれを所持している当人が空っぽだったら、逆にその車や時計が可哀想だと思わないかね。ブランドに対しても失礼だ。……全てをアクセサリーとしか見ていない人には到底わかり得ない価値観だと思うがね。メッキはいずれ剥がれる。人は所詮、自分の器以上にお金は持てないようになっているのだから」

そう言い終えた彼はふと、何かを思い出すように宙を見つめた。

「僕たちはどうして、あすかちゃんと仲良くなったんだと思う？」

「え？」

そんなのわからない、というか逆にこっちが聞きたい。

「そういえば、なんでなのかはよくわからないけど……。見ていて面白いから……とか？」

突然の問いに、私はしどろもどろ。彼らはそんな様子を見て、なぜか可笑《おか》しそうだった。

「君が僕たちを、一切金持ち扱いしないからだよ。意識してはいなかったと思うけどね。良くも悪くも、ものすごくフラット。……これは自慢や脅しではないんだけれど、僕たちって外に出ればみんなが頭を下げるような、一応何かしらのトップを務めているのね。当然立場もあるし、重責も大きい。でもあすかちゃんと喋っているときは、自然体でいられる。外側を全部飛び越えて話してくれる姿勢が、ただただ嬉しいんだ」


少しくすぐったいような、変な感情。確かに意識してはいなかった。というか、単に彼らの話すお金の桁が凡人の私とは違いすぎて、満足に理解するところまで達していなかったというのが正確なところだけれど。

「金持ちと接するときに一番やってはいけないことを教えてあげよう。あすかちゃんは無意識にできているけど、いずれ意識しなければならない場面も、今後もしかしたら訪れるかもしれないからね。

金持ちと接するときは、決して『お金持ち扱い』をしないこと。目の前にいるその人を、ちゃんと『ひとりの人間』として見ないといけない。金持ちだって人間だ。それを通り越してお金にばかり目を向けられたら、やっぱり寂しいんだよ。

そもそも、お金があることを褒められてもどうしようもない。僕たちにとってはお金があるのが『普通』の状態だから、それを言われた瞬間、完全にシャットアウト。それは、……そうだな、例えば『息していてすごいですね！』って言われるようなもの、と言ったらわかりやすいかな。息をするって、普段特に意識もしていないことだよね？　それと同じなんだ、感覚的には。お金があるっていうこと自体がね。

できればあすかちゃんには今後も、お金があるという『事実』ではなく、その『過程』に目を向けてほしいと思う。そこに、それぞれが大事にしていることが隠されているからね。お金はある種の称号。答え合わせのようなもので、世の中に『価値提供』ができてさえいれば、お金は自然と自分の元へ集まってくる」

なるほど、お金は空気と一緒。生きている中で当たり前に存在するもの。私には備わっていない感覚だったけれど、このお金持ちの前提を押さえておくのは大切だと思った。

「先入観というフィルターを通して僕たちを見ないでもらうには、貧乏ごっこは最適なんだよね。だから、今後も続けると思う。僕たちにとってはとても楽しい遊びだからね。あ、もし良いレストランや舞台といったところに行くときにはもちろん、こちらも然《しか》るべき格好をするので、どうぞご安心を」

お金持ちも同じ「人間」なんだな、と改めて実感して、心がほんわかとあたたかくなる。彼らの内側に触れたことで、私はお金持ちという存在を、一層身近に感じるようになった。

確かに最上級のお洋服を纏《まと》っているときの彼らは、醸《かも》し出す雰囲気からして街中の人たちとは明らかに異なっていた。でも、キメているときもそうじゃないときも、どちらも好き。だって彼らはいつだってブレることがない。中身が「そのまま」なのを、私は知っているから。

今回の学び

- 服装と振る舞いにはＴＰＯがある
- お金持ちと接するときは、決してお金持ち扱いをしないこと
- お金は空気と一緒

26　お金持ちと貧乏人が永遠に交わらないたったひとつの理由

　抜けるような青い空。あまりに気持ちの良いお天気だったので、私たちはえびす邸の広いお庭で陽に当たりながら、のんびりとお昼をいただいていた。お庭の真ん中まではゴルフ場みたいにカート移動。執事さんが至れり尽くせり取り計らってくださる贅沢なピクニック。おなかもすっかり満たされた頃、木漏れ日の下で穏やかな風に吹かれながら、えびすさまは急にこう問いかけてきた。

「金持ちにとって世界はふたつ。貧しい人にとって世界はひとつ。これがどういった意味かわかるかい？」

　私はびっくりして聞き返す。だってそんな風に思ったことは、ただの一度もなかったから。

「え、世界ってひとつなんじゃないの？　道徳の教科書だってディズニーランドだって、世界はひとつ、世界は丸い、みんな兄弟、みんなで助け合おう、って言っているじゃない？」

「あぁ、物理的な地球の話ではなくてね。地球という惑星を捉えたら、確かにそれは『ひとつ』ということになるだろう。そうではなく、生きている世界という意味だ」

生きている世界、ねぇ……。

「あの人は生きる世界が違うから、という言葉は、確かに良く聞く気がするかも。でも、あれ？それってえびすさま基準で言えば、私の中では『貧しいほうの人たち』が口にしているイメージだけど。さっきは逆だったよね？　貧しい人にとってはひとつで、お金持ちにとってはふたつ、って聞こえた気がするけど、合ってる？」
「あぁ、そうだ。良いところに気が付いたねぇ」

彼は目を細め、嬉しそうに解説を始めた。

「貧しい人ほどその『世界』を言い訳にする。『生きる世界が違う』『住む世界が違う』なんてね。でも彼らはそれが本当に存在するとは思っていない。別の世界を見たことがないんだから、知る由《よし》もないんだよね。

仮に住む場所が違ったとして、彼らが想定しているのはせいぜい街や村といったエリア程度の話で、本当に『世界』が違うだなんて信じてはいない。隣町まで遊びに行けば金持ちとだってすぐに会える、そんな感覚だ。金持ちと自分との間には、その気になればすぐに詰められる程度の差しかない。彼らはそう思い込んでしまっている」

「でもさ、前に『稼げる人と稼げない人の差はほとんどない』ってえびすさまは教えてくれたでしょう？　稼ぎたい本当の理由に気が付いたら、誰だってすぐに稼げるようになる、って」

「うん、そうだね。ただ、それって実は、金持ちの世界にいる側が、貧しい側から引き上げるときにのみ有効な方法なんだ。ヘリコプターから救助の梯子《はしご》を下ろす、あんな感じでね。世界が分かれている、と言うと、横並びに二分されているイメージを持つ人は多い。

でも実際には『上下』なんだ。高層ビルと地上、天空と下界、そんな風に捉えてもらったら、わかりやすいかな。上から見る分には、地上に何があるか、地上がどんな様子なのかは良くわかる。でも地上からは？　見上げたところで、ビルの屋上に何があるかを知ることは到底できないよね？

金持ちは、貧しい世界がどんな様子なのか、どうしたら抜け出せるかが手に取るようにわかる。全部『見えて』いるからね。だから、本気で抜け出したいと願う人には、最適な一手を渡すことができる。でも一方で、貧しい人は、自分から金持ちの世界に梯子をかけることはできない」

高層ビルと地上、という表現は妙に腑に落ちた。空中庭園が美しいビルの屋上がお気に入りで良く遊びに行くのだけど、あれだって、ただ地上を歩いているだけでは存在すら知り得ないもんなぁ……。

「金持ちの世界から貧しい世界へ行くことは、ひとりでもできる。ぴょんっと飛び降りてしまえば良いだけだから、簡単だよね。でも、貧しい世界から金持ちの世界へひとりで行くのは容易《たやす》いことではない。

たまに運良く、金持ち界行きの階段、エスカレーター、場合によってはエレベーターを見つけることができる人もいるが、それはほんのひと握り。上下に分断されていることに気が付かないと、そもそも探せないからね。

貧しい世界に住む大半の人は正確な位置関係も把握しないまま『いつでも行けるから、今はまだいいや』『いつでも行けるから、そのうち行こう』なんて思いながらのらりくらりと生き、そして死んでいく。自分の意思で『いつでも行ける』と思うのが勘違いだってこと、あすかちゃんならわかるよね？」

お金持ちは貧しい人と違う世界に生きていることを知っていて、貧しい人はお金持ちと違う世界があることを知らない。確かにその通りだと思った。イメージできることは全て叶えられる、と良く言うけれど、前提として「イメージできる」、つまり、その「モノ」や「状態」を知っていることが必須となる。どんなに頑張っても、どんなに願っても、知らないものは欲しがれないのだ。

「金持ちの世界と貧しい世界が交わらないのは、こういった理由だよ。隣同士の位置にあれば、どこかのタイミングで一緒になることもあるだろう。でも、空と海が交わらないように、金持ちの世界と貧しい世界は永遠に交わることがない。もし、金持ちの世界のほうへ生きる場所を変えたいのであれば、まずは『知る』ことから始めないとね。貧しい世界でだらだらと過ごしているうちは、金持ちの世界の情報は絶対に手に入らない。腰を上げて能動的に行動することでしか、情報を得ることはできないんだよ」

ひゅうっと冷たい風が吹き、芝生をざわざわと揺らす。あんなに高いところにあった陽も気が付いたら傾き始め、夜がすぐそこまで近づいてきていた。

「随分と長話になってしまったね。レディに風邪を引かせてしまったら大変だから、今日はそろそろ、おいとましようか」

今回の学び

・この世にはふたつの世界がある
・お金持ちの世界と貧しい世界は上下に分かれている
・基本的に、貧しい世界からお金持ちの世界へ梯子をかけることはできない

27 年収三千万円の小金持ちで終わらないために、注意すべきお金の使い方

夏も終わりかけの夜、連れられてきたのは船上のプライベートパーティー。

主催者はえびすさまの旧友という物静かな男性。いつもにこにこしているえびすさまとは対照的に、どこか影を背負ったように見える、孤高の大富豪。初めての船上パーティーはどこもかしこもキラキラとしていて豪華絢爛《けんらん》で、正に別世界に紛れ込んだようだった。

びっくりしたのは、全ての費用をその大富豪が持っていたということ。見ず知らずの私の分まで、本当に丸っと全部。今回も軽く二千万円はかかっているだろうね、とえびすさまはにっこり教えてくれた。

「どうしてこんなにパッとお金を使えるの？　しかも私みたいに、全然知らない人へまで」

大切な人にお金を使いたい気持ちは私にだってある。でも、この先いくら稼いでも、彼のような使い方を自分ができるようになるとは到底思えなかった。

「大切な人の大切な人にお金を使いたい、というのは僕たちには至って自然なことだけどね？今日で言えばあすかちゃんは僕がお連れしたゲストだから、彼にとっては是が非ともおもてなししたい存在だ。僕が彼の立場でも、同じようにそう思う。

あぁ、それと以前、彼に直接聞いたことがある。そのとき彼は『生きた証《あかし》を遺《のこ》したい』と言っていたね。自分がお金を使うことで、誰かの笑顔を増やしたい。見返りはいらない。ただ、その人の人生で記憶に残る時間のうち、ほんの一部にでも登場することができたならそれで十分だ、と。

プライベートジェットや船、島を所有し、身の回りの家具や持ち物だって全て極上の『良いもの』。でも彼は僕以上に、信じられないぐらいに物欲がないんだ」

生きた証を遺したい。それは私にとって、初めて聞くお金の使い方だった。

「人はある程度稼ぐと仏になる、というのは僕の持論だ。個人的にはこれを『解脱《げだつ》』と呼んでいるのだけど、それまでまるで肉食獣かのような生き方をしていた人が突然原点回帰をしたり、穏やかになったり。

体感では、まずは十億円がひとつのボーダーラインだね。それ以下だとこれ見よがしにいばり散らし、噛みついてくる人も多い。あぁ、この段階では接しても消耗するだけだから、関わらないのが吉だけどね。インターネットが普及した現代、大逆転のチャンスは今やそこら中に転がっている。その気になれば中卒からだってニートからだって、パソコンひとつで億を稼げる時代だ。それゆえに、残念な勘違いも起こりやすい。

若くして稼いだ人たちの中には恥ずかしいかな、自分がお金に振り回されていることにも気が付かない『裸の王様』タイプもたくさんいる。まぁそういう人は周りに取り巻き以外の『人』がいないのですぐにわかるし、やがて淘汰されていくのだけど。いつからかそんな人たちに遭遇すると、瞬間的に『平家物語』の冒頭部分が頭の中に流れるようになったんだよねぇ」

「平家物語……。祇園精舎《ぎおんしょうじゃ》の鐘の声、諸行無常《しょぎょうむじょう》の響きあり。ってやつ？」

えびすさまは「そうそう」と嬉しそうに頷き、

「娑羅双樹《さらそうじゅ》の花の色、盛者必衰《じょうじゃひっすい》の理《ことわり》をあらわす。おごれる人も久しからず、ただ春の夜《よ》の夢のごとし」

と続けた。

「仏モードの人は得てして物静かだ。余計なことを言わない。どちらかというと影のボスといった位置を好む人が多いね。戦隊もので例えれば、赤レンジャータイプはそこまでいない。

感情のコントロールが得意で他人を喜ばせるのが好き。聞き上手で優しく、基本的に人を否定しない。確固たる信念はあれど、他人の信念をも尊重するので対立がない。そんなことに割く時間は無意味だとも言いたげに、批判や批評を好むこともなく。

金持ち喧嘩せず、っていうのは、彼と接していればあすかちゃんも良くわかると思うよ。貧乏を脱する一番簡単な方法はきっと、他者に対する批判をやめることだね」

そういえば、今日の主催者の彼も物静かではあるけれど、初対面の私にも優しく接してくれたし、そういった穏やかさや独特の雰囲気は、端々から感じ取ることができた。

「お金の稼ぎ方にはセンスが出る。これはお金を稼ぐ前から知っておくべきことだ。……と言っても、贅沢に選り好みをしろというわけではない。

大逆転を狙うなら、初めのうちはとにかく一刻も早くキャッシュをつくること、そしてキャッシュフローをどんどん大きく回していくことにフォーカスすべきで、とすれば何も、ビジネスや投資ではなく、アルバイトでベースの底上げをしても良い。

稼げない人に限って『あれは嫌だ』『これはしたくない』と文句を言い、立場もわきまえずに選ぶ側に回りたがるけど、そういう人は稼ぐセンスがまるでないんだなぁ、と可哀想にすら思う。

『好きなときに、好きな場所で、好きなことをする生活』というのは、決して作業レベルまで『好きなことしかしない』『好きなこと以外何もしなくていい』生活ではない。すぐに目標と目的を混同するから、こういう勘違いが生まれるのだけどね。

作業は作業。それが目的から考えて必要なことであれば、淡々と進めるのみ。大目的を達成するためであれば、本来は造作もないことだ」

好きなときに、好きな場所で、好きなことをする。それは私の憧れている生活そのもの。だけどそこに「作業」が伴うことを意識したことは今までなかった。でも、確かにそうだ。今の私はまだ、選り好みをする段階ですらない。そんなことをしていたら、きっと一生稼げないまま、もしくはあまりに時間がかかりすぎるだろうということは、簡単に想像がついた。

「稼ぐセンスって先天的なものなの？」

えびすさまは「いいや」と首を振り、私にとっての朗報を教えてくれた。

「喜ばしいことに実は、稼ぐセンスは、誰でも、いつからでも高められる。手っ取り早いのは、目の前の仕事に対する姿勢を変えること。今抱えている仕事の生産性と質をどれだけ上げられるか。時給換算でどれだけ高められるか。自分の限界値はどこか。限界を突破する方法はないか。アルバイトであろうが、経営者であろうが、コミットするのであれば考えるべきことはさして変わらない。

いつか誰かがなんとかしてくれる、そのうち状況が変わるはず、と他人任せにしていてはいけないんだ。故意に、あるいは無意識にでも手を抜いているようでは、いつまで経っても抜きん出ることは決してできない。仕事への姿勢はそのまま、自分との向き合い方を表す。結局のところ稼げる人というのは、自分自身のことを、誰よりも熟知している人だ」

稼ぐセンスを高めるには、目の前の仕事に対する姿勢を変えること。仕事への姿勢はそのまま、自分との向き合い方を表す。確かにえびすさまをはじめ、周りのお金持ちはみんな、自分に対しても周りに対しても、とても真摯に丁寧に接していた。残念ながら、彼らが仕事をしている光景については、私はほぼ見たことがなかったけれど。

「さらに」とえびすさまは続ける。

「お金の稼ぎ方にセンスが出るとすれば、使い方には品格が出る。例えば今日の彼はワインが趣味で、年間数億円を投じているんだけどね。そんな彼の趣味のひとつは、オークションで珍しいヴィンテージワインを競《せ》り落としては、みんなへ振る舞うことなんだ。今日みたいにね。あすかちゃんもいくつか美味しいのをいただいたろう？　自分が価値あるものに投じたお金によって、みんなが笑顔に、幸せになる。それで僕たち使い手側も満たされる。残念ながら『小金持ち』止まりでは、こういうお金の使い方は決してできないんだなぁ」

なるほど、いわゆる「解脱」前の人たちとは全然違う。お金が喜んでいるというのが、私にも伝わってくるようだった。

「お金を稼ぐのはコツさえ掴めば簡単だ。本番は、稼いでからなんだよ」

そう言ってえびすさまは、とある研究結果を教えてくれた。それはカナダのブリティッシュ・コロンビア大学から発表されたもので、自分のためよりも他人のためにお金を使ったほうが幸福度が高まる、というデータだった。その研究では同時に、幸福になれるお金の使い方が八つ提唱されているという。

・モノではなく経験を買う

・自分ではなく他人の利益のために使う
・少数の大きな喜びではなく多数の小さな喜びに使う
・期間の延長や保障にお金を使わない
・支払いを先延ばしにしない
・買ったものが生活をどう向上させたか振り返る
・買ったものをいつまでも比較しない
・他人の幸福に細心の注意を払う

「良い車や時計を買い、女性を何人もはべらせ、美味しいレストランに行き、ブランド品に囲まれ旅行三昧。それが幸せという人もいるだろう。人間は元来欲の塊だから、一度は経験してみるのも、思いっきりその世界に浸ってみるのももちろん良い。
でも、どんなときも『真の幸せ』がどこにあるかを見失ってはいけないね。自分ひとりの幸せに使うお金はたかが知れている。相手を想った使い方。相手の喜びにフォーカスした使い道。人にもお金にも恵まれて幸せに生きたいのであれば、これらを意識することを忘れてはいけない」

そうか。えびすさまも、その周りも。私の知っているお金持ちがいつでも幸せそうなのは、この真理を「経験則」として知っているからだったんだ。

今回の学び

・解脱のボーダーラインは十億円
・お金の稼ぎ方にはセンスが出る
・お金の使い方には品格が出る

第5章

ようこそ、豊かで自由なお金持ちの世界へ

28 お金持ちになるにはまず、お金持ちになると決めること

「全ては『決める』ことから始まるんだよ。現実は、決めたところから動いていくものだから」

えびすさまは口癖のように言う。

「どんな学校に行きたい？　どんな会社に入りたい？　どんな人と付き合いたい？　今までだってずっと決めてきただろう？　それらと一緒なんだ。どんな生き方がしたい？　お金のある生活とない生活とでは、どちらを選ぶ？　金持ちになりたいなら、まずは『金持ちになる』と決めること。それを決めなければ、何も始まらない」

言っていることはわかる。意識の方向性を定めなければ、進むことはできないから。

「決めるって言ったって、未来のことはわからないし……」

「何を躊躇《ためら》う必要があるの？　わかるか、わからないかなんてどちらでも良いことだ。わから

ないと決められない、なんて無駄なプライドは捨ててしまいなさい。できるってわかっていたらやる、わからなかったらやらない？　失敗を怖がり、恥ずかしがるがために自分のやりたいことを我慢するって、本末転倒だと思うけどね？」

私のいつものパターンは、「勝てる」と思ってから動くことだった。今回もどこかに勝機を見出したくてまだ様子を伺っている私に、えびすさまは新しい視点を授けてきた。

「確かに、成功するかどうかはわからない。でも、失敗するかどうかだってわからないんだよ。言うなれば単なる二択の世界だ。コイントスみたいなもの。どちらに転ぶかわからないなら、僕だったら『うまくいく』ほうに賭けるけどね。

せっかくなら信じてあげたいじゃない。最初から失敗するだろうな、って心持ちで挑戦するのはつまらないし、第一自分を見くびりすぎでしょう。自分自身との対話において、謙遜や忖《そん》度《たく》は不要だよ。僕も君も、そんなところで立ち止まっているべき人間じゃない」

彼はそうピシャリと言い切り、私をじっと見つめてくる。ついついうまくいくのはひと握りだという思考に戻りがちだけど、確かに二択のコイントスだと思えば、確率は五分五分。そこに持ち前の運要素を加えたら、挑戦も幾分軽やかにできるような気がした。

「そもそもね、世の中にはこんなに金持ちがいるのに、自分にできると思わないほうがおかしいんだよ。やったことのないことは『知らない』『わからない』が当たり前。誰だって初めはそうだ。

ただ、知ってしまえば、わかってしまえば難しく考えずとも難なくできるようになる。前も言ったことがあるよね？　金持ちになるって、自転車や逆上がり、九九ができるようになることと一緒なんだよ」

えびすさまは私の肩に手を置き、

「自分のことぐらい、自分が一番に信じてあげよう？」

と優しく言った。

「少しぐらい怖くたって、勇気が必要だって、一歩踏み出してみる。そのハードルを乗り越えられた人だけが得られるのが、自由で豊かな世界で生きる権利だ。それは神様からのご褒美。でもその特権を手にできるのは『決めて』実際に動いた人だけ。忙しくても、難しそうでも、わからなくても。まずは『やる！』って決めて飛び込んでみる。そうしないと、チャンスを得ることすらできないのだからね」

「決めて、もしもそのゴールにたどり着けなかったら？　どうしたら良い？」

「あぁ、ここを勘違いする人はとても多いね。この『決める』という行為は、一度決めたら絶対に変えちゃダメ、という類のものではないんだ。到達速度もゴールの場所も、何度でも自由に設定できる。

どうなるかはそれこそ『わからない』んだから、気楽に挑戦してみたら良いんだよ。僕を含めて、未来が百パーセントわかる人なんていない。だからどうぞ、軽やかに。自信を持って」

段々と、えびすさまの言葉の意味がわかってきた。わからないけど決める、というよりは、わからない「から」決めるんだ。決めちゃえば言い訳もしなくなるし、動き出せるから。

「自分にもできるかどうかを不安に思う人はたくさんいるね。投資を始める前ならなおさらだ。ただ、もし決めていたなら、こういった発言も出てこないんだよ。これはどっちつかずで揺れ動いている段階、決めきれていない段階での思考だからね。できるかどうかなんて、する前は正直関係ない。

できるかどうかはやってみてからわかること。やってみてできなかったら、そのときに初めて対策を考えれば良い。それからでも遅くはないだろう？

やりもしないのにそういった問いを口にするのは時間の無駄だし、優柔不断だという証明にもなる。相手の時間よりも自分の保身を優先するって、そもそも失礼なことだがね。できるかどうかじゃない。やるか、やらないか。ただそれだけだ」

「決めたら本当に手に入る？」

「うーん、その考え方は危険だね。得られるものが明確になっていないと行動できない、というのはあまりに人任せな考え方だ。本当に手に入れられるかは自分次第だし、もし君が言葉通り決める『だけ』で何もしないのであれば、当然望みが叶うこともないだろう」

私はえびすさまの言葉を思い返していた。確かに、えびすさまは「決めたら叶う」なんて言っていない。「決める」ことで、やっとスタート地点に立てるんだよ、ということを繰り返し伝えてくれていたんだ。

「金持ちになって何を得るか、もまた、自分で決めるものだね。一人ひとり得たいものは違うから。お金を得て何をしたいか、金持ちになってどんなことを叶えたいか。それが丸ごと同じ人は、この世に一人も存在しない。

・金持ちになると決める
・金持ちになって『何を得るか』を決める

金持ちへの道のりは、ただひたすらに『決めて・行動する』の繰り返しだよ」

決めて、行動する。一見シンプルなようで、これを続けるというのはとても根気が必要だと感じた。例えばどこかで横槍が入ってきたら、私は簡単に止まってしまいそう。そんなことを口にしたら、「何を今さら」と言わんばかりにえびすさまはこう返してきた。

「そもそもこの日本で、金持ちを目指す時点で少々変わっている自覚はあると思うんだけどね？　人間は幸い、思っているほど他人に興味がない。もっと言えば、金持ちはそれに輪をかけて、他人に興味を持たない。いつまでも同じところでぐるぐると回っている人に割く暇などないからね」

振り返ってみると、えびすさまには「結論だけ」を求められることも良くあった。やる、やらない。行く、行かない。日常の些細なことから人生に関わる重要な局面まで、成功者ほど、簡潔に結果を伝えることを好む傾向があるのかもしれない。

「どのみちさして興味を持たれていないのであれば、自由にやりたいことをやったらいいじゃない？　誰に何を遠慮することもない。お金は増やそうと思わなければ増えることはないんだよ。お金持ちとして生きようとしない人が『お金持ち』になることはあり得ない。あすかちゃんが決めない限り、あすかちゃんの人生は永遠に動かないんだからね」

お金持ちになるには、お金持ちになると決めること。私をお金持ちにするのは、他の誰でもない。「私自身」なんだ。

今回の学び

・全ては「決める」ことから始まる
・お金持ちになるには、お金持ちになると決めること
・ただし、決めるだけで行動しなければお金持ちになることはできない

29 具体的であればあるほど、あなたの夢は現実になる

「あすかちゃんは今、どんなことがしたい？　最近何か、新しくやりたいことは見つかった？」

えびすさまは会ったときに良く、私が叶えたいことを尋ねてくれる。

「どうしていつもそんな風に聞いてくれるの？」
「だって、言っておけば叶うものだからね」
「どうして？」
「これはアファメーションという、心理学の技法でね、発した言葉をもう一度自分の耳で聞くことで無意識下に届き、夢が叶いやすくなるんだ。普段、僕たちが自分で思考する際に使っている顕在意識はわずか五パーセント。九十五パーセントは思考の枠を超えたところで稼働している潜在意識だ。

この潜在意識が『無意識』と呼ばれるもので、ここにちゃんと刷り込むことができると、夢や理想は圧倒的に叶いやすくなる。だから、これがしたい、あれがしたい。そういった夢がで

きたらどんどん公言したほうが良い。口にするごとに、夢はますます叶いやすくなっていくよ」

夢を口に出していたら、その「潜在意識」とやらにも届けられるし、自分自身で認識できるほか、他人からもそういう目で見られるようになって後戻りもしづらくなる。口にすることで得られる効果は幾重にもありそう。

言えば叶う。それだけで叶うなら、それはとてもお手軽な方法のように感じた。

「ただし、ここで注意すべきは、その夢が曖昧な状態では、いくら口にしたところで永遠に叶わない、という点だ。中途半端な人が中途半端な気持ちを口にしても、得られるのは中途半端な結果でしかない」

私の「簡単そう」という思考を見透かすように、えびすさまは言った。

「言葉の定義は人それぞれ違う。『幸せ』『豊か』『お金持ち』という単語も、概念や定義は千差万別だ。したがって『幸せになりたい』とひと口に言っても、どういったものが『自分にとっての幸せ』なのかがわかっていなければ、叶えたくても叶えようがないんだよね。それは神様も、自分自身も」

彼は「さらに、」と言葉を続ける。

「仮に幸運にも叶ったとして。『自分にとっての幸せ』が何か、ということがわからないと、その訪れた『幸せ』を認識できないままスルーしてしまう。せっかく叶っても認識できなければ、叶っていないことと一緒だよね。その状況はとてももったいない」

幸せになりたい、と言って、幸せが訪れても、それが幸せと認識できなければ叶っていないのと一緒……。そんな状況に陥《おちい》るのは嫌だった。

「自分にとっての『幸せ』は何か。どんな状態でいられて、どんなことができたら幸せと感じるのか。それらをどんどん分解して、事細《ことこま》かに決めていくことが必要だ。自分の中にしっかりと落とし込むんだよ。その幸せには、お金を必要とするものも、そうでないものもあるだろう。それで良い。幸せな気持ちに優劣はないのだからね」

「幸せに優劣はない、って素敵な表現! ふっかふかのお布団で寝たり挽《ひ》きたての美味しいコーヒーをいただいたり、確かにお金がかからない幸せっていうのも、思っている以上にたくさんあるのかも」

えびすさまは「あすかちゃんの幸せセンサーは敏感だからね」と微笑み、そして幾分寂しそうにこう続けた。

「一方で、幸せに優劣がないと言えど、勝手な線引きをしてしまう人はとても多い。こんなに望んではいけない、望んだところで叶うはずもない、と『自分の幸せ』の上限を勝手に決めてしまう。

『やりたいことは何ですか？』
『叶えたい夢はどんなことですか？』

と聞いても出てこない。わからない、と悩み、止まってしまうんだ。大人になってから改めて『夢』というものを考えると、お金がネックになった瞬間、思考が停止してしまうことがある。真面目な人ほどこの傾向は顕著でね。子どもの頃はあれだけ自由に、のびのびと思い描けていたにもかかわらず。社会というものは、時として残酷なものだ」

大人になるということは、現実世界でお金を使って日々生きるということ。夢を描くにもお金を意識するのは、仕方のないことのように思えた。

「枠を取り除く方法はないの？」

「一旦お金という概念を取り払ってしまうことだね。例えば『十億円あったら何がしたいか？』と考えてみる」

「十億円？！　何でもできちゃいそう！」

私の笑顔に「その感覚がミソさ」とにっこり笑い、

「十億円は結構な額だからね。それで叶えたいこと、叶えられることを、思いつくままに次々と書き出していくんだ。ビバリーの一等地にハリウッドスター並みの豪邸を建てるにはもちろん足りないが、それでも多くの人にとって、大抵のことは叶えられる金額だろう。あ、やりたいことは他人の評価から考えるのではなく、自分自身の心に従って書いていくと良いね」

見栄や周りにどう思われるかではなく、自分自身がどうしたいか。きっと、ここを意識しないと変な方向に行ってしまうということなのだろう。えびすさまはこの十億円ワークのやり方をさらに詳しく教えてくれる。

「ひと通り書き出したら、今度はそこに値段を当てはめていく。この際にポイントとなるのは、通常想定される金額のほか、ミニマムの金額を同時に振ってみることだ。

例えばポルシェに乗りたいとして、それは生産台数限定のレアモデルが良いのか、新車で買うのか、中古でも良いのか。それだけでも数千万円は変わってくるよね。仮に所有したいのではなく本当に『乗りたい』だけだったとしたら、今はシェアリングエコノミーの時代が到来しているのだから、数万円台で個人でも簡単に借りることができる。試乗や、僕のように持っている人に乗せてもらう、という手段を取るなら無料だ。ポルシェに乗るという夢が無料で叶うんだよ？　手が届かないと思い込んでいるだけで、実際には今すぐにだって叶えられることはたくさんある」

ポルシェが無料で叶うなんて、私にとっては眼から鱗だった。そうか、今まで気が付かなかっただけで、お金をかけずに夢を叶える方法もいっぱい存在するんだ。

「こういった作業を繰り返していくと、自分が欲しいもの、そして必要な金額が明確になってくる。さっきのポルシェのように『お金がなくても叶うこと』は意外と多いから、最初の段階では恐らく、十億円以上を必要とする人はほとんどいない。まずはそこで弾《はじ》き出した金額、それを稼ぐところから始めよう、と設定すると無理がないよね。ここまで決めた状態で、宣言しながら進めば……、夢は本当に、あっという間にスルスルと叶っていく」
「ねぇ、もし、もしだよ？　全部叶っちゃったらどうしたら良い？」

私はワクワクを抑えきれずに聞いてみた。

「全部叶ったらどうするか。良い質問だね。心配しなくても大丈夫だ。お金を得た後に見られる景色から、必ず新しい夢が見つかるようになっている。だって夢は常に、更新し続けていくものだからね」

今回の学び

・夢は口に出すことで叶いやすくなる
・枠を外す魔法は「十億円あったら何がしたい？」
・お金がなくても叶う夢もたくさんある

30 「お金ありき」の人生にしてはいけない

「あすかちゃんは、お金があれば幸せだと思う？」

予期せぬ質問に困惑する。いつものえびすさまの主張と真っ向から対立するような問いだったからだ。

「どうしたの？　急に。えびすさまいつも、お金があれば幸せというわけじゃないよ、お金はあくまでも選択肢を増やす手段だよ、って私に教えてくれるじゃない。お金がなくても叶えられる幸せはいくらでもあるっていうのも、こないだの十億円ワークで改めてわかったし」

あぁ、わかってくれていたんだねぇ。と、えびすさまは嬉しそうに安堵《あんど》の笑みを浮かべる。

「今日はその続きの話をしよう。お金があれば幸せか、というところから、もう少し奥に踏み込んでいく時期が来たね」

「続き？」

「そう。お金がなくても叶えられる幸せはいくらでもある。僕たちは経済状況にかかわらず、今この瞬間から、すぐに『幸せ』になれる。お金を『目的』とする人生は無意味だと言わざるを得ない。その上で、『お金があれば幸せ』というわけではないけれど、ただ、あすかちゃんが言ってくれた通り、お金があればできることは確かに増えるね。

資本主義社会において、人生の選択肢を増やす『手段』として最も有効なのがお金だから、僕はお金があって良かったと思うし、お金があるって便利だな、と日々ありがたく思っている。さらに、世界全体の経済的混乱を経て、選択肢を増やすのみならず『防御』としての手段。お金のない不幸せを回避できることもまた、お金の重要な役割だと感じるんだ。自分と大切な人を守る手段。ここでもやっぱりお金は大活躍をしてくれる」

経済状況にかかわらず、今この瞬間からすぐに「幸せ」になれる。これは「幸せに優劣はない」という教えと通ずるように思えた。その上で選択肢を増やし、さらに減らさないということを担《にな》ってくれる「お金」の存在。こうしてお金の特徴を知るごとに、感謝の気持ちがどんどん込み上げてくる。

「幸せになるお金の使い方、を覚えているかい？」

「自分のためよりも他人のためにお金を使ったほうが幸福度は高まる、ってやつよね？」

「そう。

お金があるから

↓

他人を喜ばせる機会が増えて

↓

自分のしたことで他人の笑顔や幸せを感じられる機会が増えて

↓

結果として自分も幸せになる

お金をアイテムとして正しく使うと、こういった循環が巻き起こるね。この循環は自分がお金を使うほどに大きくなり、ますますの豊かさを享受できるという嬉しいスパイラルを生んでくれる」

自分がお金を使うほどに、幸せと豊かさの循環が大きくなる。なんて素敵な世界なんだろう。

輪が大きくなっていく様子を想像してニンマリと幸せに浸る私を見て、えびすさまは次の問いを投げかける。

「じゃあ反対に、不幸せになるお金の使い方はわかるかい？」

「うーん、自分のためだけにお金を使うこと？」

「惜しい。そうだな……使い方、というか扱い方と言ったほうが正しいかな」

「不幸せになる扱い方。本当は使いたくないのに使ってしまうとか？　感謝の気持ちが持てないとか？」

良い線だね、と彼は頷き、解説を始めてくれた。

「不幸せになる扱い方は、貯め込んでしまうことだ。『お金ありき』の人生を歩んでいる人たちだね。そうなるとどうしても諭吉コレクターに変貌してしまう。お金を収集することに熱心に、命をかけて取り組んでしまうんだ。

集まってくると、今度はそのお金がなくなるのを嫌がり、内へ内へと籠《こ》もっていくようになる。お金を眺めているときが幸せ。お金が手元にあるのが安心。それが本当に自分にとっての幸せだと言うのであればそれは構わないんだが、そうして貯め込む行為では、循環が一切起こらない。
循環が起こらないとしたら、幸せを感じられるのは自分ひとりということになる。どれだけお金を集めたとしても、豊かに繁栄、拡大していくことはない。ずっとひとり、部屋の隅っこで縮こまっているだけ。そんな未来は幸せとは言えないよね？」

想像してみたら背筋が寒くなり、鳥肌が立った。さっきの循環の輪をイメージしたときとは大違い。すごく寂しくて、暗い情景が見えた。

「お金ありき、の人生に足を踏み入れやすいのは、貯金や節約が好きな人だね。日本人にも多い属性だ。『お金持ちは悪』というイメージを持つ人が多いのは、恐らくこういった金銭への執着が強いままお金持ちになってしまった人たちの印象が強いからだろう。

前に、節約は貧乏の元だと伝えたことがあったろう？　これは、節約が心の潤いを奪っていくからだ。通帳の数字が増えていくのは確かに楽しいかもしれない。でも、それによって自分の生活が、心が、周りが豊かになっていくわけではない。お金は、ある『だけ』では意味がないんだよ」

えびすさまは続ける。

「好きなほう、ではなく、金銭的に得なほうを選ぶ。これが、貯金好き、節約好きの人の基本的な思考回路だ。コストパフォーマンスという言葉をことさら好む人が多いがね、コストパフォーマンスが指し示す意味というのは、費用対『効果』。この『効果』を、金銭的にどれだけ浮かすことができたか、のみに限定するのは、貧しい人の典型と言わざるを得ない」
「目に入る以外の効果もあるの？」

もちろんだよ、と彼は答えた。

「お金を使って得られる効果は何も、目に入るものだけに留まらない。あすかちゃんも実感してきたでしょう？　モノはもちろん、サービス、雰囲気、心地良さ、満足感、そして感情。限定しないほうが健全だし、何より豊かになる。
巡り巡るものだから、使ったお金がすぐ次の機会に、ダイレクトに金銭として返ってくることはそう多くはないかもしれない。それでも、再びお金という形で自分の目の前に現れたとき、それは節約や貯金をするために『浮かせた』お金とは比べものにならないくらいに大きくなっているんだ」

コストパフォーマンスというと、つい、わかりやすい対価を求めてしまいそうになるけれど、考えてみたらえびすさまの言う通り、得られる効果はたくさんあった。お金は浮かせるよりも気持ちよく使うこと。色々経験してきたからか、以前に節約は貧乏の元、と習ったときよりも、もっと腑《ふ》に落ちる感じがした。

「お金は切り詰めるほどに貧乏になる。それは、目先のことしか考えていないからだ。視野が狭すぎる。目先のこと、自分のことしか考えていない人に、誰が集まると思う？　決して、日々贅沢三昧しろと言っているわけじゃない。貯金だって多少あれば便利だし、節約も才能のひとつではある。

ただ、何かを選ぶときには『金銭的にどうか？』という判断基準を一度封印し、自分の『好き』を叶えていくことを大事にしてほしい。そういったお金の使い方を試し続けていれば、どんどん豊かになっていけるからね」

自分の「好き」を叶えることで、自分も周りも豊かになる。それは三方どころか全方位良しという、理想的な形だった。

「金持ちになる、というのは、がむしゃらにお金を追い求めることとは大きく異なる。もっと意義のある、高尚なことなんだ。あすかちゃんが金持ちになることで、自分自身も、そしてあすかちゃんの家族や周りの大切な人も、幸せを感じられる機会がどんどん増えていくんだからね。

お金を得た『先』に得られる人生を、ただひたすらに、真剣に生きる。自分を満たし、他者を満たし、その範囲をどんどん拡大していく。ひと度自らきっかけを放てば、それはまるで波紋のようにどこまでも大きくなっていく。

その最初の一歩が、自分自身が『お金持ち』になること。世界がどこまでも愛と幸せに満ちていく様は、とてもあたたかく、心地の良いものだよ」

今回の学び

・お金ありきの人生は寂しい
・自分の「好き」を叶えることで、自分も周りも豊かになる
・豊かさ、幸せは波紋状に広がっていくもの

31　「幸せなお金持ち」になる三つの条件

「この世には、幸せな金持ちと不幸な金持ちが存在する。今日は改めてそれを定義していこうか」
「二種類のお金持ちが存在するってこと？」
「そう。お金を持っても幸せな人、お金を持つと不幸になる人。前者は幸せを更新し続け、後者はやがて没落していく。せっかく金持ちになるのであれば、幸せな金持ちサイドにいたいよね？」

私は大きく頷いた。その二択だったら、幸せなお金持ちにしかなりたくないに決まってる。

「お金だけを稼いでも意味がない。単にお金を稼ぐだけでは、幸せな金持ちにはなれない。幸せな金持ちになるために必要な三つの要素はね、

・お金

・時間
・仲間

だ。いくらお金を稼いでも、時間がなければ使えない。お金と時間があっても、一緒に使う人がいなければつまらないし、そもそもお金自体、ひとりではそんなに必要のないものだ。有益に使いきれないお金だとしたら、それはあってもなくても変わらない。

使うことのできないお金は『死に金』と言ったね。だからこそ、お金、時間、仲間。この三つの要素のどれが欠けても、幸せな金持ちにはなれないんだ。

特に、時間と仲間が欠けている状態ではむしろ『お金なんてなければ良かった』といった、悲惨な結末を迎えることになりかねない。せっかくお金を稼いでも『何のために稼いだのか』『虚しい人生だった』と後悔するような事態は、できる限り避けたいよね。だってそんな人生、悲しすぎるじゃないか」

孤独死、という単語が頭に浮かんだ。たくさんのお金に囲まれてひとりで死を待つ人生。そんな最期は迎えたくない。

「お金があれば幸せになれるわけではない。お金があれば仕事が楽しくなるわけでも、人間関係がうまくいくようになるわけでもない。お金を持つ前も持ってからも勘違いしてはいけないこととして、決して『お金があれば全ての問題が解決できる』という錯覚は起こさないように、とは今までも話してきたよね。お金に逃げたところで、根本は何も変わらない。

お金にできることは限られている。お金があれば死なないわけでも、病気にかからないわけでもない。寿命には抗《あらが》えないし、古来より今まで、人の死亡率は依然百パーセント。お金はあくまでも問題を解決するための『手段』で、それ以上でもそれ以下でもない」

えびすさまは一気に言うと、お水をひとくち、口に含んだ。

「金持ちがお金を持っているのは当たり前。では、金持ちになった後、あすかちゃんはどんな日々を送りたい？」

「私は……大好きな人たちと笑って暮らしていきたいなぁ。お金だけを持っているひとりぼっちの大富豪よりもね、大好きな人たちと語らいながら、慎ましくも幸せに生きている人のほうが豊かだなぁと思うの。そこにお金があったら最高。前は『まずお金！』って思っていたけれど、今は少し、優先順位が変わってきたみたい。満たしたい状況があって、それを満たす手段が『お金』なんだね」

自分の口からこんな言葉が出るなんてびっくりした。あれだけお金を求めていた私だったけど、いつの間にかもっと大切なことに気が付かせてもらっていた。驚く私に微笑み、えびすさまは言う。

「そうだね、人脈は宝、人との繋がりは財産だ。お金を追うばかりに時間や仲間、周りの人を蔑ろにして没落していった人、人が離れていった人も僕はたくさん知っている。金持ちの中で、お金『以外』のものをほとんど何も持っていない人は意外と多いんだよね。恐らく、稼いでいく中で、お金以外を意識してこなかったのだろう。

例えば稼ぐ前からの友人というのは、稼いだ後、今まで以上にかけがえのない存在となる。稼いだ後に、稼ぐ『前』からの友人をつくることはできないからね。時間は巻き戻せない。稼いでから出会った人のことを警戒し、『この人は自分がお金を持っているから仲良くしてくるのか？』などと邪推《じゃすい》する不幸な金持ちもいるが、実に失礼な話だ。

残念ながら、こういった疑心暗鬼な状態は相手へも伝わる。人間関係が目まぐるしく変わる金持ちは常に孤独だ。他人を信用できないのだからね」

「他人を信用できない。それって恋愛や結婚にも響いてきそう……」

「その通り。恋愛や結婚というフィールドにおいても、不幸な金持ちは拗《こじ》らせる。自分自身が自分の魅力とお金とをそのまま結びつけているからこそ、お金がなくなったら相手が自分の元から離れていってしまうんじゃないかと、いつも不安に怯えている。だからなかなか向き合おうとしないし、愛をそのまま受け取れない。でも、それってお互いにとって、すごく寂しいことだよね」

共感してくれる人がいる、大切な人がいる、そういった人たちとともに時間を過ごせるというのはとても幸せなこと。逆に、好意や愛を信じることができず、自分の殻に閉じこもるばかりのお金持ちは哀しいだけだ。

「お金ありきの人生になってはいけない」とは正に本質だな、と改めて思った。

「お金、時間、仲間のうち、最も得ることが簡単なのが『お金』だね。そしてあすかちゃんにはもう、大好きな人たちがいる。今の時点で家族や友人、恋人など大切だと思える人がいる君は、もう幸せな金持ちの要件を満たしているんだ。

大切な人がいるのであれば、あとは早いところお金を稼げば良いだけの話。知っての通り、お金を得る手段はたくさんある。加えて、もしあすかちゃんも僕のように『投資』を突き詰めていくのであれば、『可処分時間』はどんどん増えていく。投資であれば、お金が増えるほど時間の余裕も生まれるからね」

「お金が一番簡単……。そっか、だからお金を稼いだら良いんだね！」

「そうだ。お金を稼ぐのは簡単なこと。だから、さっさと手にしてしまおう。三つの要素がわかった今、あすかちゃんがこれからすべきことは、今まで教えたことを使って、一日も早く『幸せなお金持ち』になることだ。この三要素が揃うことで、お金は本来の、いや、本来以上の実力を発揮してくれるようになる。その日を楽しみに、頑張っていくんだよ」

今回の学び

・世の中には幸せなお金持ちと不幸なお金持ちがいる
・幸せなお金持ちに必要な三つの要素は「お金」「時間」「仲間」
・三要素のうち一番簡単に攻略できるのは「お金」

32　一億円は通過点。お金を味方につけて、理想の人生を歩む方法

一億円。

それは、投資を始める前の私にとっては想像もつかないほどの大金だった。どうやったら稼げるかもわからない。億万長者は自分とは違う生き物で、何か特別なことをして稼いでいるのだとばかり思っていた。……でも、今は違う。

一億円。

それは、誰もが当たり前に手にすることができるお金。得るのに才能は一切関係なく、秘訣もなく、ただシンプルに「やるか、やらないか」。やらない人が圧倒的に多いから、ただ行動しさえすれば結果が伴う簡単なゲーム。

「一億円を手にするなら、あすかちゃんなら何をする？」

「いくらスタートで、何年ぐらいで？」
「手持ち百万円で、期間は十年にしようか」
「そしたらビジネスと投資の両輪かなぁ。どちらかでいくよりも、両方走らせたほうが遥かに効率良いもん。それに投資だけやってたところで暇だしね。……というか、そもそも十年はかからないでしょ。百万円から一億円なら、五年もあれば十分すぎるぐらいじゃない？」

えびすさまとは、いつの間にかそんな会話をする仲になった。私がちゃんとお金を手にし出したからだ。何をしても稼げる、とわかって以降、私の元へは行動すればするほどお金が入るようになっていた。

「お金を得る方法に、唯一の正解というものは存在しない。強いて言えば、その行動を取って結果的にお金が増えたのであれば、それはみんな正解だ。ビジネスでも良い。投資でも良い。『愚か者の税金』と名高い宝くじでさえも、それでお金を得られたなら、その人生においては正解となる」

まぁ、あんなギャンブルよりは真っ当に投資をしたほうが、高速かつ高確率でお金を増やせるけどね、と、彼は悪戯《いたずら》っ子のように舌を出す。

「稼ぐ方法なんて何でも良い。稼ぎ方を限定しないというのは、お金を得るにあたってひとつ、重要なポイントだね。稼ぎ方の向き不向き、得手不得手《えてふえて》は人それぞれだから。どうやってお金を稼ぐのかは、自分のライフスタイルや性格に合わせて自由に決めていって良いんだ」

早起きが苦手で煩雑《はんざつ》な事務作業が嫌い。なるべく手間をかけたくない、という面倒くさがりの私が最終的に選んだのは、中長期の金融投資だった。のらりくらり、一ヶ月に一度口座をチェックするだけの緩い運用ながら、置き場所の選定が功を奏し、資産は順調に増えていた。

えびすさまが具体的な手法を教えてくれたことはない。言及するのはせいぜい投資商品にどんなものがあるか、世の中にどんな稼ぎ方のジャンルがあるかといったところまでで、「何を買え」「何を売れ」と指示をされたことや、耳寄りな投資情報を彼の口から聞くことは一切なかった。

一度だけ、好奇心を抑えきれずに聞いてみたことがある。

「えびすさまは具体的に何をして、どう稼いでいるの？」

彼は私をまっすぐに見つめ、「それを聞いて何になるの?」と返してきた。そして続けて、

「あすかちゃんは、それを知ったら僕と同じように稼げると思う? 考えてみればわかるだろう、そんなことはあり得ないよね。なぜなら、僕と君とでは根幹となる部分、つまり『使い手側』のマインド面の鍛えられ方が全く違うのだから。

こうして方法論という切り口から入ってくる人は、大抵そのままお金に飲み込まれていってしまう。今までずっと無視してきた『お金』に急に掌《てのひら》を返し、そしてドロドロに執着していく。そんなことをしていては嫌われる一方だ。

お金の扱い方は、金持ちでいる上では非常に大切なこと。まずはきちんと向き合うところから始めないと、あっという間に溺れてしまうよ」

稼ぎ方も投資手法も無限にある。でも、どんな方法を知ったところで、使い手がポンコツだったら、そういった道具は全て錆《さ》びたガラクタでしかないのだ。

「本当にお金を稼ぐ気があるのなら、自分自身を整えることが、何よりもまず優先すべきこと。多くの人が投資で成功できないのは、そこを飛ばしてすぐに小手先のテクニックばかりに走る

からなんだよね。何をしてもうまくいかない『手法ジプシー』の完成だ。
急《せ》いては事を為損《しそん》じる。お金を稼ぐのは確かに簡単なことだが、土台がぐらついた状態では絶対に成し遂げることはできない」

お金を活かすも殺すも全て自分次第。鍵となるのは自身の在り方。自分が整っていない状態でお金持ちになることは不可能。私は自らの幼稚さと浅はかさを反省し、それ以来、彼に具体的な手法の話を聞くことはなかった。

「金持ちというのはね、とても楽しく心地の良い生き方だ。ただ、常に自分との対話が必要とされる。本当は何を感じているのか。本当はどうしたいか。そういった自分の内面に、とことん正直でいること。何が好きで、何が嫌いか。喜怒哀楽、快・不快、在り方の好み。そういった自分の思考と感情を、ひとつずつ紐解いていく。
それは時として､苦しい作業となることもあるだろう。でも『金持ちになる』と決めたなら、決して諦めないことだ。あすかちゃんはこれから十億円を目指すことになる。それを、もう良いかな、などと途中で投げ出すことはあってはならない。金持ち界へワープできる人と、貧しいままで生涯を終える人との違い。金持ちになれるのは、気づき、行動し続けられる人だけだ」

えびすさまがお金持ちなのは、彼が自分に正直に、真っ直ぐに生きてきた証なのだと思った。

「お金を稼ぐ目的は、理想の人生を叶えるためだね。そんな理想の人生を歩むには、まずは自分にとっての『理想』をきちんと知っておく必要がある。

幸せの定義。自分が願う働き方、稼ぎ方、そして生き方。事細かに記しておくと、彼らお金にとってはそれがガイドマップとなる。これはなるべく丁寧に書くと良い。

気を付けることとしては、十億円ワークと一緒だね。ここに『他者の理想』を入れ込むと、自分の向かうべきところからベクトルがずれてしまい、途端に現実がちぐはぐになってくる。

理想というのは、あくまでも『自分にとって』の理想だ。自分がいて、そして家族やパートナー、周りの人、という順番を遵守《じゅんしゅ》すること。まずは自分にフォーカスして、満たしてあげないと意味がない。

貧しい状態の人から施《ほどこ》しを受けても心配になるだけだし、何より重たくて怖いからね。豊かな状態で分け与えるから、みんなが物質的にも精神的にも豊かになれるんだ。

金持ちの世界に『自己犠牲』は一切必要ない。我慢なんてしなくて良い。ただただ、自分の心に素直に正直に、理想の人生を追い求めて良い。これから『お金持ち』として生きるにあたっては、このことを絶対に忘れてはいけない」

そうして彼は穏やかな笑みを浮かべ「大丈夫だよ」と私に告げた。

「自分が本当に望む生き方をきちんと認識したとき、現実は勢い良く動き始める。お金はとても頑張り屋だからね。『夢を叶える力になりたい』、彼らがそう思うと、信じられないほどの瞬発力を見せてくれるんだ。

あすかちゃんがすべきことと言えば、その加速にくれぐれもふるい落とされないこと。もしも途中で辛くなったら、お金持ちになった『先』の自分がどんな言葉をかけてくるかを思い浮かべてみて。自分を信じ抜く限り、お金持ちである『未来のあすか』は、『今のあすか』を全力で応援してくれるから」

未来の私。それはきっと、誰より心強い、一番の味方。この先どんな幸せな未来が待っているんだろう。私は私に、どんな世界を見せてあげられるんだろう。どんな素敵な体験をプレゼントしてあげられるだろう。未来の私と会話をするような感覚を覚えたら、ワクワクが止まらなくなった。

「未来の私」は「今の私」のために。そして「今の私」は「未来の私」のために。ただただ全力で、お金持ち街道をアクセル全開、一直線。豊かさが確約されている状態で進めるんだから、こんなに楽しいことってない。

私は他の誰のためでもない、まずは「私自身」のためにお金持ちになることを、改めて強く決意した。

見ていてね、「未来の私」。こうなったら想定の十倍速ぐらいでその未来、叶えてあげるんだから。どうぞくれぐれも、覚悟していてよね。

……そして、ふと思った。もしかして人って、このために生まれてくるのかな。きっとそれに気が付き、自分で自分を満たし続けられる人が、幸せなお金持ちになっていくのでしょう。

ねぇ、聞こえる？

私はあなたを絶対に、幸せにします。

だから一緒に思いっきり、とびっきり幸せな人生を歩もうね。

今回の学び

・稼ぐ方法は何でも良い
・自分が整っていない状態でお金持ちになることは不可能
・自分の心に正直に、理想の人生を追い求めよう

エピローグ

お金を稼ぐのは簡単。
お金持ちには誰でもなれる。

えびすさまが体を張って私に伝えてくれたことは、どれもこれも、その後生きていく上で、極めて重要な指針となった。決して順風満帆だったとは言えないし、挫けそうになったことだって何度もあったけれど、そのたびに私を奮い立たせてくれたのは紛れもなく、えびすさまからもらった金言たちだった。
えびすさまと一緒に過ごしたあの日々があったから、私はよそ見をせずに、ひたむきに行動し続けることができたのだと思う。

月日が経ち、私は「お金持ち」になった。
お金、時間、仲間に恵まれた「幸せなお金持ち」に。

そして今では、えびすさまたちがかつて私にしてくれたように、お金の真理やお金持ちの法則を、お金持ちを志す人たちに伝えている。

この「豊かさの伝承」は、えびすさまからもらった最後の指令。自分のところで止めてはいけない、独り占めしてはいけないのは、お金も愛も、御恩やご縁も、全部一緒だね。

お金持ちになるまでに私がやったことと言えば、繰り返し「決めて・行動し続けた」だけ。特別なことは何もしていないし、本当にそれだけで、理想の未来へたどり着くことができた。「たどり着くことができた」、なんて言うとあたかも自分の力のように聞こえるかもしれないけれど、実際は導かれるままに、気が付いたらここまで来ていた……、という感覚に近い。見えない糸に引っ張られるような、そんな感じ。お金持ちになるのはやっぱり、初めから決まっていたことだったんだな、と、振り返ってみても思う。

そしてそれは、私だけに用意された未来ではなく、本来は誰にでも約束されているものなのだと、今は確信している。だって実際に、彼らから学んだことを伝えていたら、周り中にお金持ちがどんどん量産されてきているから。

自分を信じ抜いてあげて良かった。

人生を諦めないで良かった。

これは私自身もずっと感じているし、そして続々と誕生するお金持ちたちも、みんなが口を揃えて言う言葉。理想の人生は自分で掴み取るもの、なんだよね。

……今でも思う。えびすさまは、人間の姿を借りた「お金の神様」だったのではないかと。優しいから、天上からずっと見守っていてくれるうちに、私を含めて「お金持ちになれるのになっていない人間たち」にヤキモキして……、居ても立ってもいられなくて地上に降り立ったところに、私が偶然遭遇したのではなかろうか。

……なんてね。

ありがとうね、神様。私をお金持ちにしてくれて。大切なことにたくさん気づかせてくれて。天職に出会わせてくれて。

お金を稼ぐのは簡単。

お金持ちには誰でもなれる。

教えてくださったことの数々、初めは正直しっくりこなかったものもあったけれど、今では全部、心から納得しています。


……さぁ、次はあなたの番ですよ。

本当はもう、わかっているんでしょう?

あとは扉を開くだけ。


ようこそ、楽しくて仕方がない、「お金持ち」の世界へ。

企画協力 ――― ブックオリティ
装　丁 ――― 小口翔平＋奈良岡菜摘（tobufune）
装　画 ――― 網中いづる
本文デザイン ――― 鈴木大輔・江﨑輝海（ソウルデザイン）
DTP ――― 野中賢（システムタンク）

この作品は事実をもとにしたフィクションです。

冨塚 あすか（とみづか・あすか）

個人投資家。投資コミュニティ・ixi（イクシィ）、お金のオンラインサロン・ハッピーマネラボ主宰。

1988年生まれ、仙台出身。慶應義塾大学卒。

「お金を理由に何かを諦める、という事態とは生涯無縁でいよう」と決め、20歳のときに10万円から資産運用を始める。紆余曲折ありながらも持ち前の分析力と嗅覚、人当たりや運の良さで資産を順調に拡大。会社員を辞めてからは2年ほど、専業投資家として資産運用のみで生活をする。

2016年3月より、ひとりでも多くの女性がお金を「手段」として、自分のやりたいこと・欲しいもの・理想のライフスタイルを手に入れられるよう、自身の経験をもとに投資を教え始める。受講者は累計1300名以上。日給10万円超え、月収100万円超え、半年間の総利益2000万円超えなど、初心者から結果を出すメンバーを数多く輩出している。

現在は、男女混合の投資コミュニティ・ixi（イクシィ）や、女性限定のオンラインサロン・ハッピーマネラボを主催しており、投資の仕方や生き方、女性がお金持ちになるために必要な「お金の帝王学」について指南している。

趣味は旅行と食べ歩き、お金持ちの話を聞くこと。特技はお金を増やすこと、世界各国で知らない人と仲良くなること。

職業、お金持ち。

2021年 1月30日　第 1 刷発行
2024年 6月 6日　第 7 刷発行

著　者　冨塚 あすか
発行者　徳留慶太郎
発行所　株式会社すばる舎
〒170-0013　東京都豊島区東池袋3-9-7　東池袋織本ビル
TEL　03-3981-8651（代表）　03-3981-0767（営業部）
振替　00140-7-116563
http://www.subarusya.jp/

印刷　ナ印刷株式会社

替えい
2021

企画協力　ブックオリティ
装　　丁　小口翔平＋奈良岡菜摘（tobufune）
装　　画　網中いづる
本文デザイン　鈴木大輔・江﨑輝海（ソウルデザイン）
DTP　野中賢（システムタンク）

この作品は事実をもとにしたフィクションです。

冨塚 あすか（とみづか・あすか）

個人投資家。投資コミュニティ・ixi（イクシィ）、お金のオンラインサロン・ハッピーマネラボ主宰。

1988年生まれ、仙台出身。慶應義塾大学卒。

「お金を理由に何かを諦める、という事態とは生涯無縁でいよう」と決め、20歳のときに10万円から資産運用を始める。紆余曲折ありながらも持ち前の分析力と嗅覚、人当たりや運の良さで資産を順調に拡大。会社員を辞めてからは2年ほど、専業投資家として資産運用のみで生活をする。

2016年3月より、ひとりでも多くの女性がお金を「手段」として、自分のやりたいこと・欲しいもの・理想のライフスタイルを手に入れられるよう、自身の経験を元に投資を教え始める。受講者は累計1300名以上。日給10万円超え、月収100万円超え、半年間の総利益2000万円超えなど、初心者から結果を出すメンバーを数多く輩出している。

現在は、男女混合の投資コミュニティ・ixi（イクシィ）や、女性限定のオンラインサロン・ハッピーマネラボを主催しており、投資の仕方や生き方、女性がお金持ちになるために必要な「お金の帝王学」について指南している。

趣味は旅行と食べ歩き、お金持ちの話を聞くこと。特技はお金を増やすこと、世界各国で知らない人と仲良くなること。

職業、お金持ち。

2021年 1月30日　第 1 刷発行
2024年 6月 6日　第 7 刷発行

著　者　冨塚 あすか
発行者　徳留慶太郎
発行所　株式会社すばる舎
〒170-0013　東京都豊島区東池袋3-9-7　東池袋織本ビル
TEL　03-3981-8651（代表）　03-3981-0767（営業部）
振替　00140-7-116563
https://www.subarusya.jp/

印刷所　シナノ印刷株式会社

落丁・乱丁本はお取り替えいたします

ISBN978-4-7991-0956-4